イスラエルの自滅

剣によって立つ者、必ず剣によって倒される

宮田律

光文社新書

はじめに――周囲を敵に囲まれたイスラエルの現在

「剣によって立つ者、必ず剣によって倒される」は、『マタイによる福音書』26章52節の言葉だが、アフガニスタンで支援活動を行った中村哲医師はこの聖書の言葉を引用し、歴史上の鉄則だと語っていた。「剣」とはつまり「武力」である。この言葉は現在のイスラエルに言い得るようになりつつある。

20世紀半ば、アラブ人の住むパレスチナに人工的につくられたイスラエルは建国以来、戦争を繰り返してきた。その強引な国づくりが多くの点で綻《ほころ》びを見せるようになっている。

侵略者が必ず敗北するというのは近現代の歴史も教えるところだ。中村医師が活動していたアフガニスタンでも、約20年にわたり駐留した米軍は、明白な成果を上げることなく、2021年8月に撤退した。

「侵略」とは武力をもって他国の主権を侵害することだが、国際法に照らして不当な行いである侵略は、支配される側の人々の支持を得られることはなく、最終的には敗北して撤退することが歴史上繰り返されてきた。フランスは1830年にアルジェリアを支配下に置いたが、アルジェリア人たちの反発を一貫して払拭《ふっしょく》することができずに、およそ130年後の1962年にアルジェリアからフランス軍やヨーロッパ人入植者は引き揚げた。ヒトラーのドイツは電撃戦でオーストリア、チェコスロバキア、フランス、ポーランド、北欧諸国などを占領したが、これらの土地を敗戦ですべて放棄した。第二次世界大戦で自衛の名の下に戦争を行った日本も敗れ、朝鮮半島や台湾などの植民地や満州国という傀儡《かいらい》国家を放棄した。

2023年10月7日、パレスチナのガザ地区を統治するイスラム組織ハマスは、イスラエルに奇襲攻撃をしかけた。この攻撃に対し、イスラエルは報復を行い、「ガザ戦争」が勃発した。イスラエルはガザの占領を目指し、無差別な攻撃は民間人にも多くの犠牲者を出し続けている。

イスラエルは国民皆兵の軍国体制を敷いているが、イスラム組織ハマスの奇襲攻撃以来、戦線は拡大する一方で、ガザ、レバノン国境、イエメン、シリア、イラク、イランと多方面で戦うイスラエルは、レバノンなどからの攻撃にも直面し、少なからぬ国民が避難を余儀なくされて自宅に帰還できないなど、その存立を危ぶむ声も現れ始めている。

かつては旧式の兵器を使用していたこれらイスラエルの敵は、ロシアや中国、イランという軍事技術が進んだ国の協力を得ているために、兵器の技術や性能も格段の進歩を遂《と》げている。

イエメン北部を実効支配するフーシ派は、２０２４年7月19日、イスラエルの商都テルアビブを自爆型ドローンで攻撃。10人が死傷した。フーシ派のドローンはイエメンから放たれ、紅海やスエズ運河、エジプト上空など２０００キロ余りを飛行して着弾したが、かつてミサイルやドローンを無力化していたイスラエルの防空システムをくぐりぬけ、その綻びを露呈《ろてい》させた。北からはレバノンのヒズボラ（神の党）のミサイル・ロケットやドローンの脅威もあり、イスラエルには安全な場所は存在しないような印象を与えた。

こうした兵器開発と技術の進化・革新とともに、イスラエルは従来の安全保障体制では国民を守れない事態に陥っている。イスラエルは外交では２０２０年のアラブ首長国連邦（ＵＡＥ）などとの国交正常化である「アブラハム合意」などによってアラブ諸国の脅威を除くことに成功したかのように見えた。だが、現在イスラエルが対峙しているのは、ヒズボラやフーシ派、またシリアやイラクのシーア派民兵集団など、アラブの非国家主体の軍事的脅威である。イスラエルがガザの無辜《むこ》の人々を殺傷し、しかもそれがメディアやＳＮＳなどを通じて全世界に伝えられることは、フーシ派やヒズボラのように、アラブ・イスラム世界の怒れる武装集団をつくり出し、これらの武装集団への民衆の支持を高めることになる。それはつまり、将来への禍根《かこん》を残すことにつながる。言い方をかえれば、軍事力一辺倒では現在の状況は解決できないことを示している。

イスラエル社会を不安定化させる内的な脅威

こうした外的な脅威に加えて、イスラエル社会の内的な脅威といえるのが、ネタニヤフ政権の動静である。ネタニヤフ首相（1949年生まれ）は2019年に汚職の容疑で起訴され、2020年から裁判にかけられている。そのため、自らの権力が維持できるよう、かりにネタニヤフ首相が有罪判決を受けても、国会（クネセト）の議決でそれを覆《くつがえ》すことを可能にする、司法の政治へのチェック機能を奪うことを意図した司法改革を進めている。

また、首相職にある限りは有罪での拘留を免れると判断し、ガザでハマスに囚《とら》われている人質の解放よりも首相職を維持できる戦争の長期化のほうを望んでいる。

ネタニヤフ首相はガザでの戦争で多数の市民を殺害したことにより、国際刑事裁判所（ICC）によって戦争犯罪で逮捕状を発行されており、また、国際司法裁判所（ICJ）はイスラエルの占領や占領地での入植地拡大を国際法違反であると判断している。しかし、そういった国際社会からの非難を意に介する様子は見られず、ネタニヤフ首相は独善的な考えを貫き続けている。

また、イスラエルを国内から動揺させる勢力として、極右政党・集団の存在がある。現在のネタニヤフ政権は極右政党と連立しており、極右政党が政権から離脱すれば、政権が崩壊してネタニヤフは首相職の辞任を余儀《よぎ》なくされる。そのため、極端にタカ派的発想で、ガザ戦争の継続を主張する極右閣僚たちの主張を採用せざるを得ない状況にある。極右政党を支持する集団の行動は1995年11月に、パレスチナ人との共存を目標にするオスロ合意を成立させたイツハク・ラビン首相（1922～95年）を暗殺したユダヤ人至上主義者イガル・アミール（1970年生まれ）の暴力的な行動に顕著に見られる過激なものだ。ガザ戦争以来、極右主義者たちは世俗的で、リベラルなユダヤ人たちのことを裏切り者扱いするようになり、平和主義の運動の芽を摘《つ》むようになっている。

「修正シオニズム」といわれるイデオロギーを信奉している彼らはパレスチナの存在を認めず、銃器で武装し、ヨルダン川西岸などのパレスチナ内のユダヤ人入植地周辺でパレスチナ人に対する暴力行為を日常的に繰り返すようになっており、政府はその行動を取り締まるどころか正当化している。また、国内の総人口の2割を占めるアラブ人たちをイスラエルの領土から追放することを主張している。

さらに、イスラエル社会を不安定にする要因として、影響力を増しているユダヤ教の超正統派の存在がある。超正統派はユダヤ教徒の中でもとりわけ厳格に教義や戒律を守って暮らす人々で、子どもをたくさん産み、労働することなく、国民皆兵の体制下で軍隊に入ることも拒否してきた。イスラエル最高裁は2024年6月に超正統派に対しても徴兵を求める判決を下したが、彼らはこれに強く反発している。超正統派は数学や科学などの近代的な学問を学ばず、学習するのは宗教のみで、彼らはジェンダー平等、国家と宗教の分離、少数派の権利などの問題に関心がない。宗教にだけ接していれば、日々の生活に満足を得るような人々だ。

ネタニヤフ政権は超正統派の政党とも連立しているものの、女性の政党指導者は存在せず、超正統派の多数派は民主主義的価値観を信じてもいない。職業的にはほとんどがユダヤ教の聖職者になるため、彼らの生活の保障は国の財政支援によって行われており、莫大な軍事費を支出している現在のイスラエルには大きな負担となっている。

イスラエルの政治的・経済的孤立と社会の分断

国際法を破るイスラエルは国際的に孤立し、莫大な戦費で国の財政負担は増大している。また徴兵を終えた予備役兵を召集しているため、高い成長性を誇ったハイテク産業などの労働力が奪われ、経済的にも逼迫《ひっぱく》しつつある。戦争でイスラエル経済は大いに停滞するようになったが、そのイスラエルの姿はあたかも満州事変を起こして、国際的に孤立し、軍国主義に訴え、暴発していった戦前の日本を彷彿とさせる。満州国の独立を求めた日本は戦前、国際連盟から脱退したが、イスラエルも国際連合（国連）でまったくの孤立状態にあり、国連でイスラエルを支持するのは国内に有力なユダヤ人社会を抱える米国や、ナチス・ドイツのユダヤ人虐殺（ホロコースト）という歴史的負い目がユダヤ人にあるドイツ、また経済的なつながりが強いミクロネシアの国々など、ほんの一部にすぎない。たとえガザでの戦争が終わっても、ヒズボラやハマス、フーシ派、イランなどの脅威が完全に消滅するとは考えにくく、イスラエルは絶えず戦争に備え、ハマスやヒズボラのロケットやミサイルに怯《おび》え、健全な経済活動に集中できない状態になっている。

イスラエル社会は世俗的で、リベラルな陣営と、極右勢力とで二分されるようになり、イスラエル社会の分裂は顕著になっているが、分断は世界のユダヤ人の間でも発生している。

ガザ戦争でのイスラエル軍の非人道的行動に反発するイスラエル外のユダヤ人たちは、イスラエルとのつながりを放棄するようになり、イスラエルを支持しなくなった。これらの要因を背景にイギリス・エクセター大学の歴史学教授でユダヤ系でもある、イラン・パペはイスラエルの崩壊は予見可能になったと述べている。（Ilan Pappé, *The Collapse of Zionism*, 21 June 2024, *SIDECAR* https://newleftreview.org/sidecar/posts/the-collapse-of-zionism）

ナチス・ドイツはフランスやイギリスなどの西の敵と、ソ連という東の敵と同時に戦争を行ったことが重大な敗因となり、ナチス・ドイツ崩壊をもたらした。また日本はアジア太平洋戦争で中国、東南アジア、太平洋と戦線が伸びきったことが重大な敗因となった。

イスラエルもまた、ハマス、ヒズボラ、イランと戦線を拡大しつつあり、内外の幾重にも重なる脅威によって国家存亡の危機を迎えていると言っても過言ではない。まさに「剣によって立つ者、必ず剣によって倒される」という言葉の通りだが、ユダヤ人のナショナリズムであるシオニズム思想によって成立した人工国家のイスラエルがどのような経緯や要因によって現在の危機的状況を迎えているかを本書では明らかにしたいと思う。

そこからイスラエルが生存のために何をなすべきかが自ずと示されるはずだが、中東地域の安定、国際社会の平和のためにはイスラエルが直面する問題や課題を解明し、それへの真剣な対処が必要であることは言うまでもない。

イスラエルが国際法を順守し、パレスチナ人に平等に平和に生きる権利を認めない限り、イスラエル存続への危機は継続するに違いない。

中東地域の地図

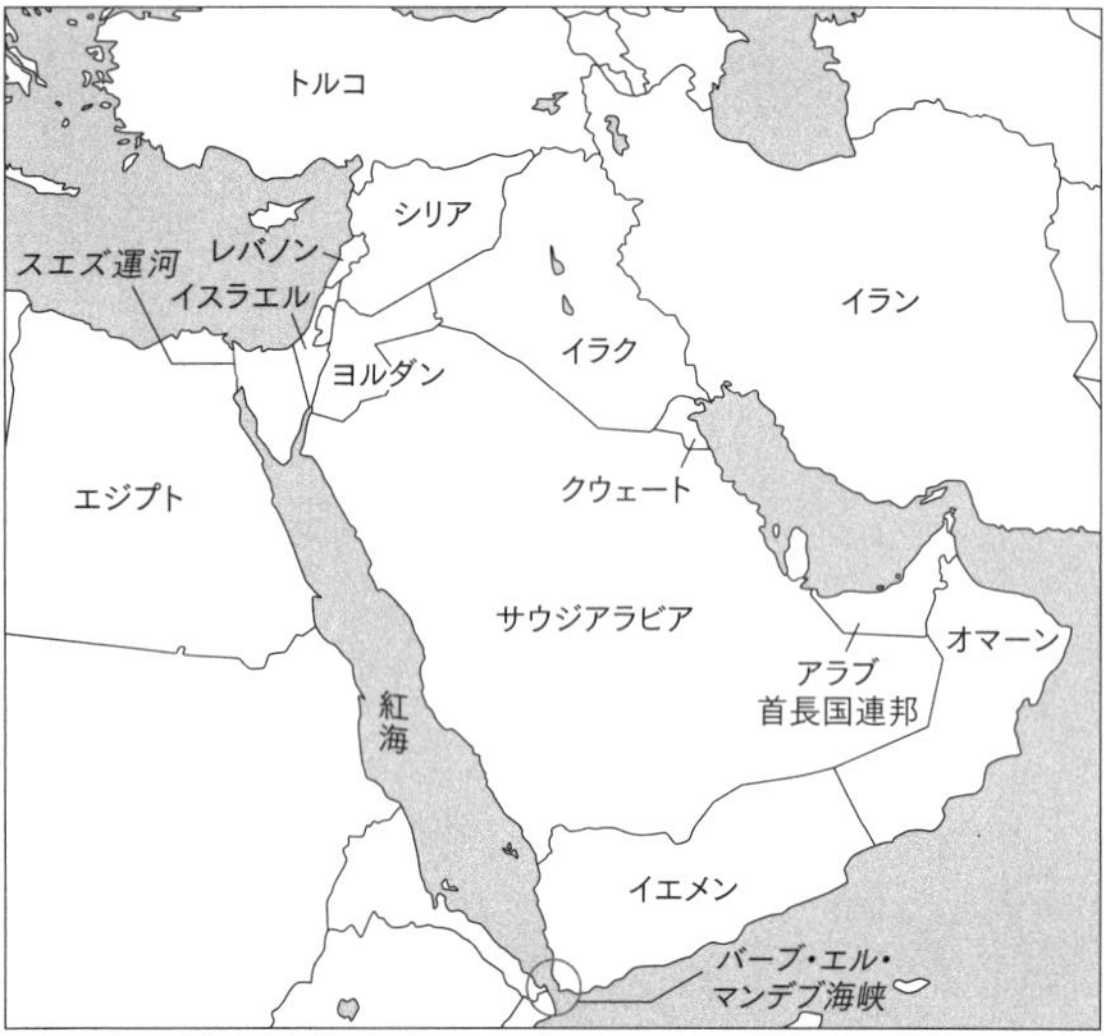

イスラエルと周辺地域の地図

イスラエルの自滅

目次

第2章

イスラエルの存立を脅かすヒズボラ 47

第3章

戦争で自壊が進むイスラエル経済 65

第5章 イスラエルを孤立させるネタニヤフの「狂気」……127

第6章

揺れる米国とイスラエルの特殊関係

本文図表制作:マーリンクレイン
目次・章扉制作:熊谷智子

第1章

2023年10月7日

—イスラエル国防ドクトリンの破綻した日

2023年10月7日、パレスチナ自治区ガザからのロケット弾攻撃を受けたイスラエル中部アシュケロンの街並み　写真提供：ロイター＝共同

イスラエルはなぜ中東の火種になっているのか

２０２３年10月７日のハマスの奇襲攻撃とそれに対するイスラエルの一連の報復戦争には、イスラエル建国以来の背景がある。

ユダヤ人は古代以来各地に離散（ディアスポラ）し、自らの国家を持たず、主にヨーロッパ世界で点在するように生きてきた。中世ヨーロッパ・キリスト教世界で差別、排除されたユダヤ教を信奉するユダヤ人たちは、19世紀にヨーロッパで台頭したナショナリズムの考えに著しく影響を受けるようになった。ナショナリズムとは「ネーション＝ステート（国民国家）」という考えに基づき、一つの国家は一つの民族によって構成されるというものだ。１７８９年のフランス革命後、ヨーロッパではこの思想が定着した。そんな中、クリスチャンではないユダヤ人はヨーロッパ・キリスト教国の国民にはなれず、差別や迫害、さらには排除、排《はい》斥《せき》の対象となっていく。

迫害の中で、「ヨーロッパの国民になれないのならば、ユダヤ人の国をパレスチナに持とう」という考えがユダヤ人の間で生まれるようになる。この考え、イデオロギーのことを「シオニズム」といい、ハンガリーのブダペスト生まれのユダヤ人ジャーナリストのテオドール・ヘルツル（１８６０〜１９０４年）によって考案され発展し、次第に旧ロシア帝国領など東欧で暮らしていたユダヤ人の間で支持者を増やしていった。

「シオニズム」の語源となった「シオンの丘」という別称を持つエルサレムは、古代ユダ王国（前922年頃〜前586年）の首都だったところで、ユダヤ教の聖地「嘆きの壁」などがある、ユダヤ教信仰の象徴とも言える場所だ。シオニズムが広がるにつれ、エルサレムがあるパレスチナに移住するユダヤ人は増加し続けたが、元々住んでいたパレスチナ・アラブの先住民たちは父祖伝来の土地を奪われることになり、ユダヤ人との軋轢《あつれき》や衝突を繰り返すようになった。第一次世界大戦後、パレスチナを委任統治したのはイギリスだったが、イギリスは先住のアラブ人と移住してくるユダヤ人との間の対立や衝突を回避する調停を行うことができなかった。

１９３３年にドイツでナチスが政権を掌握すると、ドイツ領内のユダヤ人に対するいっそうの排斥や弾圧が行われるようになった。ドイツが第二次世界大戦中にポーランドなどを占領し支配地域を拡大すると、さらに多くのユダヤ人たちをその支配下に抱えることになり、ユダヤ人たちは最終的には強制収容所で大量に虐殺された。ナチスの凄惨で過酷な虐殺によるユダヤ人の犠牲者の数は、６００万人とも見積もられている。

ナチスによるユダヤ人のホロコーストの実態が戦後明らかになると、欧米諸国ではユダヤ人に対する強い同情が生まれ、ユダヤ人国家創設の考えが支持されていった。また、ヨーロッパで人種差別主義の考えをもつ人々にとってはユダヤ人がパレスチナに移住してくれることは好都合でもあった。

しかし、パレスチナにユダヤ人国家を建設することは、その地に住むアラブ人から土地を奪い、アラブ人の犠牲のもとに、欧米諸国の贖罪《しょくざい》が行われることを意味する。それはパレスチナのアラブ人には到底許容できないことで、1947年11月の国連パレスチナ分割決議に基づいて、翌1948年5月にイスラエルが独立を宣言すると、これを断固認めないパレスチナ人やアラブ諸国はイスラエルに宣戦布告し、第一次中東戦争が勃発した。

第一次中東戦争はイスラエルが装備、士気に勝っていたこともあって、イスラエルの勝利に終わり、独立を維持した。その後、1950年代になると、イスラエルに敗北したエジプトではムハンマド・アリー朝のファルーク国王（1920～65年）を頂点とする王制の無能が強く意識され、1952年7月にガマール・アブドゥル＝ナーセル（ナセル：1918～70年）らを中心とする青年将校らによって王制を打倒するクーデターが発生した。ナセルはイギリスがエジプトにもっていたスエズ運河の国有化を宣言したが、これに反発するイギリス、またイギリス同様北アフリカのアルジェリアを領土としていたフランス、さらにエジプト領からのパレスチナ人ゲリラの攻撃に悩まされていたイスラエルはエジプトに攻撃をしかけ、第二次中東戦争が起こった（１９５６年10～11月）。エジプトは戦争に敗北したものの、スエズ運河の国有化は維持され、アラブの統一、発展、繁栄を唱えるナセルのアラブ・ナショナリズムの訴えはアラブ民衆の熱烈な支持を得ていった。

パレスチナ人に強く同情するアラブ・ナショナリズムはイスラエルにとって脅威となったが、１９６７年６月イスラエルはエジプトやシリアに先制攻撃を行い（第三次中東戦争）、圧倒的な勝利を収めてガザ、ヨルダン川西岸、東エルサレム、ゴラン高原、さらにエジプトのシナイ半島を占領した。シナイ半島はエジプトに返還されたものの、ガザ、ヨルダン川西岸と東エルサレム、ゴラン高原の占領は現在でも継続し、イスラエルは国際法に違反してイスラエル人の入植地（ユダヤ人の住宅地）を拡大している。

イスラムの聖地でもあるエルサレムを占領し、イスラム教徒（ムスリム）の同胞を殺害するイスラエルに対して、イランなどのムスリム国家やハマス、レバノンのヒズボラなどのイスラム勢力はイスラエルの生存権を認めようとせず、この対立が中東地域の重大な不安定要因となっている。

ハマスによる奇襲攻撃とイスラエルによる報復

１９４８年５月15日に始まり、翌年３月10日に終わった第一次中東戦争は、イスラエルの独立を維持することになったと同時に、先住していたパレスチナ人たちを家屋や土地から追い出すことになった。パレスチナの５３１の村落は破壊され、70件にも及ぶイスラエル軍による虐殺が行われた。１９４７年から49年の間に１万５０００人のパレスチナ人たちが殺害され、当時のパレスチナ人の全人口の３分の２が難民化した。これをパレスチナ人たちは「ナクバ（大災厄）」と呼び、イスラエルが独立した翌日の５月15日を「ナクバの日」とし、民族の悲劇を嘆《なげ》き、またイスラエルとの紛争で亡くなった犠牲者たちを追悼《ついとう》してきた。

１９５６年４月30日、イスラエル国防軍のモシェ・ダヤン参謀総長（１９１５〜81年）は、ガザ境界近くにつくられた新しいキブツ（農村共同体）「ナハル・オズ」を訪問し、ガザ地区に住むパレスチナ人によって殺害された治安部隊兵士のロイ・ロトバーグ（享年21）の葬儀に出席した。

イスラエル建国をもたらした第一次中東戦争では、およそ数万人のパレスチナ人たちがガザ地区に流入することになった。ガザからは第一次中東戦争によってできた境界を越えて、パレスチナ人たちがナハル・オズの農産物を奪う行為が行われていたが、ロトバーグはそうしたパレスチナ人たちの侵入や窃盗行為を見張る任務に就《つ》いていた。彼は１９５６年４月29日に農地を馬に乗ってパトロールしている間に撃たれて亡くなったが、その遺体は切断され、眼球が飛び出た状態で発見された。イスラエル建国から８年目の出来事で、ロトバーグ殺害は、イスラエル人がパレスチナ人たちの憤《いきどお》りの強さをあらためて認識した事件だった。

ロトバーグの葬儀で、ダヤンは故郷に帰還したいというパレスチナ人の心情に理解を示すスピーチを行った。パレスチナ人たちの憤りや憎悪に触れながら、ガザのパレスチナ人たちが８年間難民として暮らす中で、イスラエルはパレスチナ人が住んでいた土地や村を奪い、イスラエルの資産に変えたことに言及した。そして、ロトバーグの死は、故地を奪われたパレスチナ人たちの心情を真剣に理解しないイスラエル人の心のスキや慢心にも原因があったことをダヤンは強調した。

ダヤンは１９５０年に、アル・マジュダル（現在のイスラエル・アシュケロン）に残っていたパレスチナ人の、ガザへの強制移住を推進した人物だった。ダヤンは、パレスチナ人たちが第一次中東戦争で自らの土地を追われることになったナクバを忘れることなく、故郷に戻りたいという願望を失っていないことを理解しており、その上で、イスラエルはパレスチナ人に対して軍事的な備えを怠ることなく、武力を整備、充実させる必要性があることを説いていた。

パレスチナ人が故郷に戻りたいという願望を失っていないというダヤンの忠告を忘れたかのようにハマスの侵入を許してしまった2023年10月7日の奇襲攻撃は、イスラエル建国史上、最も衝撃的な安全保障上の出来事であったに違いない。イスラエル側の死者数は1140人超、251人が人質になり、建国後4分の3世紀を経ても、イスラエルが常に軍事的脅威を抱える、世界でも稀な国であることをあらためて国の内外に示すことになった。

ハマスによる奇襲攻撃を立案したのは、ガザ地区の最高幹部、ヤフヤー・シンワル（1962〜2024年）で、ダヤンが強制移住を推進した、アル・マジュダルから難民として流出した家庭出身だった。

10月7日のハマスによる奇襲攻撃は、パレスチナ問題が安全保障にとって最重要の課題であることをあらためてイスラエル人に認識させることになった。その後ネタニヤフ政権は2024年8月末までに4万人以上ものガザの人々が命を落とす無差別な攻撃を行ったが、2024年6月にイスラエル軍のダニエル・ハガリ報道官は、ネタニヤフ政権が目指すハマスの壊滅は達成不能だと発言した。彼は、ハマスとは集団ではなく「思想」で、人々の心に根づいており、その壊滅を訴えることは国民を欺くものだと批判した。また、人質全員の解放も軍事力では不可能だと述べるなど、彼の発言は、ネタニヤフ首相のハマスせん滅の訴えや軍事力で人質を無事に解放することがフィクションであることを軍関係者が認めるものだった。故郷に帰還したいというパレスチナ人の心情に対し、対話でなく武力で応じる現在の姿勢が、今回の奇襲攻撃を招いたともいえるだろう。

予見されていた奇襲攻撃

ではこの奇襲攻撃がイスラエルにとって寝耳に水の出来事だったかというと、そうではない。奇襲攻撃のプランを、その１年前にイスラエル軍はすでに手に入れていたと「ニューヨーク・タイムズ」紙などが報じた。その攻撃計画は「ジェリコの壁」というタイトルの40ページほどの文書にまとめられていた。そこにはガザ周辺のイスラエル軍の軍事ポストを先制攻撃で圧倒し、イスラエルの都市を占拠、さらには主要な軍事基地を襲撃することなどが書かれていた。攻撃開始の際にはロケット弾をイスラエル領に向けて集中砲火すること、国境沿いの監視カメラと自動機関銃を破壊するドローン、電動パラグライダーやオートバイ、また歩兵がイスラエル領に一斉に攻撃をしかけることなどが作戦に含まれていた。

「ジェリコの壁」はイスラエル軍や諜報機関の幹部たちの間では広く知れ渡っていたが、その規模と野心的な攻撃はハマスの能力を超えるもので、ハマスには実行できないだろうとイスラエル軍や諜報機関の幹部たちは判断していた。

つまり見通しが甘かったわけだが、かりにイスラエル軍や諜報機関の幹部がハマスの攻撃に対する備えを十分に行っていれば、イスラエル建国以来最大の悲劇は防ぐことはできただろうと言われている。ハマスには「ジェリコの壁」にあるような攻撃能力も、また気概もないとイスラエル軍や諜報機関は判断していた。また、ハマスはガザ住民たちがイスラエル国内で労働するための許可を得るための申請を行っているので、ハマスが戦闘を望んでいないだろうとイスラエルからは受け止められていた。

2016年9月にイスラエル国防相の事務所が作成した極秘文書には、ハマスの「侵入」とイスラエル国民の誘拐は、イスラエル国民の意識や士気に重大な衝撃を与えるだろうと書かれてあった。この文書には、ハマスが高性能の武器、GPSの妨害装置、ドローンを購入したこと、ハマスが戦闘員を2年間で6000人増員し、2万7000人にまで増やしたこと、また2020年までに4万人にまで増やすことを望んでいることなどが書かれていた。

ハマスの奇襲攻撃のほぼ3カ月前の2023年7月6日、イスラエル軍8200部隊の分析官は、ハマスの数十人の戦闘員がハマスの司令官立ち会いの下、軍事訓練を行ったことを報告している。訓練には、イスラエル軍戦闘機を撃墜し、キブツと軍事訓練基地を占領し、士官候補生全員を殺害する予行演習も含まれていた。分析官は、この軍事訓練が「ジェリコの壁」計画に厳密に従うものであり、ハマスはそれを実行する力をつけつつあるという懸念を報告した。イスラエル軍ガザ師団の大佐は、その分析を評価しながらも、ハマスの訓練はまったくの想像上のものであり、ハマスが実際に行うとは考えられないと述べていた。

このように軍部はハマスの脅威を事前に把握していたが、政府はそのための対策をほとんどとっていなかった。その要因にはネタニヤフ政権が軍部と軋轢《あつれき》を抱えていたことやパレスチナ問題を優先しなかったことなどが挙げられるが、そのことは後に解説する。

急速に軍国主義化するイスラエル

イスラエル社会は、２０２３年10月７日以降、ナショナリズムを強烈に訴える軍国主義的性格が急速に強まった。「勝利のために団結」というスローガンがイスラエル社会のいたるところで見られるようになり、イスラエルのユダヤ人社会をまとめ上げる意図が強く感じられるようになった。

そのような状況下で、イスラエル国内のアラブ人は、たとえ10月７日のハマスによる攻撃を支持していなくても、ガザとの連帯をソーシャルメディアで表明しただけでも逮捕され、起訴されている。また、ほとんどのイスラエル人はパレスチナ紛争が平和裏に解決するとは思わなくなっている。後で詳しく述べるが、伝統的に和平を追求してきたイスラエル左翼は、ほぼ「絶滅」したと言ってもよい状態となった。ベニー・ガンツ（1959年生まれ）やヤイル・ラピド（1963年生まれ）のような中道の政治家たちも、土地と和平の交換を主張しなくなり、パレスチナとの交渉を視野に入れていない。

イスラエルの極右勢力はガザのパレスチナ人を第三国に追放し、彼らが不在となった土地にはユダヤ人入植者を住まわそうと考えている。また彼らは、ガザ戦争後にパレスチナ人がガザの行政に関わるようなガザ統治を想定せず、政府が人質のさらなる解放のための交渉を行うことに反対している。

イスラエルは、戦争による被害を受けるたびに、和平への動きが表れてきた国家だった。第四次中東戦争後にはエジプトと平和条約を結び、1987年に始まるパレスチナ住民による第一次インティファーダ（蜂起）の後には1993年のオスロ合意、また2000年に始まった第二次インティファーダの後には、2005年のガザからの一方的撤退があった。しかし、ネタニヤフ首相の政権の下では、こうした和平への動きは起こりそうにない。他方、パレスチナでも、イスラエルとの共存を考えるパレスチナ自治政府はひ弱とみなされ、パレスチナ人たちの支持を得られていない。

また、現在のイスラエルはで「ピース・キャンプ」と呼ばれる平和主義のグループが政治や社会を主導するような可能性はほとんど感じられなくなっている。ネタニヤフ首相であろうと、その後継であろうと、イスラエルは現在のネタニヤフ首相や極右政党が主張するように、占領を継続し、入植地を拡大する路線を継続していく公算が高くなっている。

イスラエルの経済発展と軽視されたパレスチナ問題

では、軍からはハマスとは「思想」であり、せん滅はできないという批判がありながら、なぜイスラエルは停戦に向けての対話を選択肢に入れないのか。その理由には現首相のネタニヤフという人物のこれまでの歩みが大きく関わっている。

ネタニヤフは１９８４年から88年までイスラエルの国連大使を務めていた人物だが、その職務の後で成立した、イスラエルとパレスチナの共存を目指す１９９３年のオスロ合意に強く反対していた。ネタニヤフは１９９６年の首相公選で、オスロ合意の推進者であったシモン・ペレス元外相を破り、初めて首相の座についたが、首相に就任すると、明らかにオスロ合意の進展を無視するようになっていく。ネタニヤフは、オスロ合意を推進した米国のクリントン政権や、クリントン政権と親しい関係にあったイスラエルのエリートに反発・対立していったが、１９９９年の首相公選では和平推進派の労働党のエフード・バラク（１９４２年生まれ）に敗れた。

バラク首相は、２０００年5月のイスラエル軍のレバノンからの撤退を推進し、和平の機運を盛り上げた。しかし、同年9月にイスラエルの右派政党リクード（ネタニヤフ首相の政党）の党首アリエル・シャロン（１９２８〜２０１４年）が、エルサレムにあるイスラムの聖地ハラム・アッシャリーフを訪問したことによってパレスチナ人を挑発すると、第二次インティファーダが発生した。この結果、イスラエルではパレスチナとの和平の機運は盛り下がった。その後、そのインティファーダの契機をつくったアリエル・シャロンがバラク首相を継いで首相に就任した。

しかし、リクード党内でシャロンよりも強硬なネタニヤフが台頭すると、ネタニヤフへの対抗のため、シャロンは和平推進に方針転換を図り、イスラエル首相として初めてパレスチナ国家を容認する立場をとり、また２００５年8月にガザからのイスラエル軍の撤退を実現させた。これが結果として２００７年以降のハマスによるガザ支配をもたらすことになり、自爆攻撃やロケット攻撃を行うハマスによるガザ支配にイスラエル世論も硬化。パレスチナへの譲歩がイスラエルの安全に役立つことはないという考えが急速に支持を得て、２００９年、パレスチナに強硬な姿勢のネタニヤフが政権の座に返り咲いた。

ネタニヤフ首相は経済発展に力を入れ、パレスチナ問題を政治課題として優先してこなかった。彼はヨルダン川西岸ではパレスチナ自治政府と安全保障協力を維持し、パレスチナ自治政府をヨルダン川西岸において、イスラエル政府による行政の下請け的存在とし、ガザのハマスとの分断を図った。これによってアッバース議長などパレスチナ自治政府への信頼がパレスチナ人の間で低下し、ハマスの求心力を高めることになった。また、ネタニヤフは、ガザのハマスに対するカタールからの資金援助を奨励した。こうして、ヨルダン川西岸とガザの行政を分断することで、パレスチナ国家樹立の実現を妨害するのがネタニヤフ首相の基本方針となった。パレスチナ人という被支配者を分割することで統治を容易にし、分断統治によってハマスとパレスチナ自治政府を競わせ、イスラエルに攻撃の矛先が向かわないように工作した。

周辺のアラブ諸国は民主化要求運動「アラブの春」で混乱し、シリアやイエメンのように内戦に陥《おちい》る国もある中、パレスチナがアラブ諸国から強く意識されることは少なくなっていた。ガザからのロケットによる攻撃もイスラエルの「アイアンドーム」という対空迎撃システムによってたいていが撃ち落とされるようになった。２０１４年夏のガザ紛争を除けば、イスラエルがガザの脅威を感じることはほとんどなくなっていた。

経済発展に力を入れた結果、２０１０年から22年にかけてイスラエルの不動産価格は2倍以上上昇した。ＩＴ企業が続々と立ち上がり、イスラエル沖ではガス田が発見され、イスラエルのＧＤＰは60％以上成長した。イスラエル人にとって海外旅行も安価なものとなり、彼らの将来は明るいものに見えた。

ネタニヤフ首相は、米国のオバマ政権がパレスチナ問題の二国家（イスラエルとパレスチナ）解決やヨルダン川西岸の入植地拡大の凍結を求めても、米国の共和党と良好な関係をもつことによってオバマ政権の圧力をはねのけた。ネタニヤフ首相はオバマ政権がイラン核合意を成立させることを止められなかったが、ネタニヤフ首相と親しいドナルド・トランプが後任の大統領となり、２０１８年にイラン核合意から離脱した。

トランプ政権は、イスラエルに有利な政策を推進し、米国の大使館を地中海沿岸のテルアビブからエルサレムに移転。イスラエルがシリアから奪って占領しているゴラン高原にイスラエルの主権を認めた。国際的合意をネタニヤフと同様に無視するトランプ政権はイスラエルとアラブ諸国との国交正常化である「アブラハム合意」を進め、イスラエルはアラブ首長国連邦、バーレーン、モロッコ、スーダンというアラブ諸国と国交正常化を行った。ネタニヤフ首相はパレスチナ問題を政策課題から外し、欧米型の国や社会こそが繁栄すると訴え、イスラエルをＧ７の先進国のようにすることを目指していった。

イスラエルの政治・社会を右傾化させたネタニヤフ

２０１５年以来、ネタニヤフ首相はイスラエルの政治・社会をいっそう保守的に方向づけ、イスラエル国家のイデオロギーについても、リベラル派と競合していくことになった。

ネタニヤフ首相は２０１８年７月に「ユダヤ国家法」を成立させ、イスラエルをユダヤ人のみによって構成される国とし、アラビア語を公用語の地位からはずした。

「ユダヤ国家法」は実質的にアラブ人やドルーズ派（シーア派から発展した秘教的宗派）など「非ユダヤ人」の国民を二級市民として扱うもので、この「ユダヤ国家法」についてはイスラエル生まれの女優ナタリー・ポートマンが人種主義（レイシズム）であると批判するほどだった。「ユダヤ国家法」が成立したのは２０１８年７月だったが、こうしたイスラエルの政治社会の保守化・強硬化について好感をもっていたのは、主にイスラエルのユダヤ人で、米国のユダヤ人には批判的に、かつ冷ややかに見られていた。たとえば、「ニューヨーク・タイムズ」の2018年8月18日付の記事で明らかになった世論調査の結果では、77％のイスラエル人はトランプ大統領による米国・イスラエル関係を支持し、他方、米国のユダヤ人は34％しか肯定的に評価せず、57％が反対だった。ヨルダン川西岸地区のイスラエルの入植地拡大やイランの核合意からの離脱などの政治問題、またイスラエル国内の非ユダヤ人への差別、民法や女性の権利に対して正統派ラビ（ユダヤ教の律法学者、聖職者）の保守的な見解が強い影響力をもつことなどが、米国のユダヤ人たちには支持されなかった。

イスラエル社会が右傾化したことの背景には、若い世代がオスロ合意など和平の機運があった時代を知らないこと、2000年に始まる第二次インティファーダでパレスチナ人の暴力が頻発したこと、また2005年のイスラエル軍のガザからの撤退がハマスのガザ支配をもたらしたことに反発していることが挙げられる。こうした中、パレスチナに対して、領土的譲歩は絶対にすべきではないという考えがイスラエルの特に若い世代の間で強まった。

2019年からイスラエルは政治的危機に陥り、2022年11月までの3年半の間に実に5回の総選挙が行われた。比例代表制のイスラエルの選挙では小党が分立する傾向が強く、選挙後に成立したどの政権も安定的多数を獲得するのが困難だった。また、いずれの選挙も汚職事件で起訴されたネタニヤフへの信任投票的性格が強かった。

ネタニヤフ首相の汚職に関する捜査は２０１６年から始まり、２０１９年11月に起訴され、２０２０年5月に裁判が開始された。裁判中の２０２１年3月の総選挙ではネタニヤフが所属する政党のリクードが第一党になったものの、議会で多数派を構成することができず、ネタニヤフは組閣を断念して右派政党「新右翼」党首のナフタリ・ベネット、中道政党「イェシュ・アティッド（「未来がある」の意味）」党首ヤイル・ラピドの政党連合に首相の座を明け渡し、ベネット、ラピドが輪番制で、首相の座にそれぞれ就いた。

この政権でもパレスチナ問題ではなく、イスラエル経済の発展に重きが置かれ、パレスチナ問題に積極的に取り組むことはなかった。この政権の政策課題として優先されたのは何よりもネタニヤフに対抗することで、この連立政権も安定を欠き、２０２２年11月１日に行われた総選挙の結果、極右政党と連立したネタニヤフ首相が登板することとなった。後述するが、イスラエルの極右はユダヤ人がパレスチナ全域を支配するというイデオロギーの「修正シオニズム」を信奉しており、パレスチナの存在を認めないかのような政策を推進していった。

また、裁判を受けているネタニヤフにとって、首相になれば裁判を長引かせることができるため、ベネット・ラピド政権の崩壊は願ってもないことだった。極右を含むネタニヤフ政権は、最高裁判所の判決を議会の議決で覆すことを可能とする司法改革を推進しようとした。これをイスラエルの民主主義の危機と見なしたリベラル・中道層はネタニヤフ政権に対する大規模な抗議デモをイスラエル全土で展開するようになった。

この司法制度改革「オーバーライド条項」はネタニヤフ首相の収賄《しゅうわい》に対する有罪判決などを覆す意図をもつものだったが、政権に対する司法権の弱体化につながるもので、ネタニヤフ首相や極右勢力の独裁的な権力行使をも可能にするものだった。

イスラエルの司法はヨルダン川西岸の入植地拡大やパレスチナ人の家屋の撤去などに、国際法や国内法から判断して一定の抑制の役割を果たしてきたが、司法制度改革には入植地拡大を無制限に可能にしたいという極右政党の思惑もあった。

政府と軍の意思疎通の欠如

司法改革反対運動の指導者の中には退役軍高官たちもいたが、彼らはイスラエル国家に貢献したという軍歴を強調しながら、その権威とともにネタニヤフの司法改革がいかに国家を裏切るものであるかを主張していった。彼らは、強引に司法改革を進めようとするネタニヤフ首相や極右政党の動きを批判する運動の先頭に立ち、もし法律が可決されれば、イスラエル軍の戦闘にとって欠くことができない空軍戦力を担う、予備役のパイロットたちは退役すると威嚇《いかく》して司法制度改革を非難した。こうした動きに対してネタニヤフ首相が予備役の兵士たちの懲戒処分を要求した時に、イスラエル国防軍（ＩＤＦ）の幹部たちはこれを拒絶する姿勢を見せた。

元軍人で、リクードの政治家ヨアヴ・ガラントは２０２２年のネタニヤフ政権発足に際して国防大臣に任命されたが、彼も閣内にありながら、２０２３年３月25日、司法改革に反対を表明した。イタマル・ベングビール国家治安相は、ガラントの解任を求め、ネタニヤフ首相は翌３月26日にガラントの解任を発表したが、イスラエル国内各都市で反対の声が上がった結果、４月10日に解任を撤回した（その後２０２４年11月５日に解任）。

ネタニヤフ首相はガラント国防相（当時）など元軍人や軍の忠告に耳を貸さなくなっていた。イスラエルの軍情報機関がハマスなどのパレスチナ武装勢力の不穏な動きをネタニヤフ首相に伝えていたにもかかわらず、ネタニヤフ首相が彼らの警告を重視することがなかったことには、このように司法改革に反対を唱える軍に対して、ネタニヤフ首相が不信感を抱いていたことも背景にある。

ネタニヤフ首相が安全保障上、最も警戒していたのは、ハマスではなく、イランや、イランの同盟勢力で、彼はシリアにイラン革命防衛隊関連施設があると主張して、シリア領への空爆を繰り返した。

２０２３年7月、政府に対する最高裁判所のチェック機能を弱める司法改革法案がイスラエル国会で与党の多数で可決された。この可決を阻止しようと激しい抗議活動が行われたものの、最高裁の権限を弱めようとするネタニヤフ首相らの意図は実現したかのように見えた。

２０２３年のイスラエル政治の焦点は、ハマスの奇襲攻撃があった10月7日まではこの司法改革で、数十万人とも見られる大規模な反対デモや集会が各地で繰り広げられた。しかし、国を二分するような対立があっても、ネタニヤフ首相は反対派の主張に聞く耳をもたなかった。予備役の空軍パイロットなどの動きはイスラエルの安全保障体制の深刻な対立や分断を表すものだったが、自らの主張を押し通し、司法制度改革を断行しようとしていた。

ガザには差し迫った脅威が存在していたにもかかわらず、司法改革に反対する予備役のパイロットが離反し、空軍の一部が機能しなくなっても、政府がない状態よりはましとすらネタニヤフ首相は豪語していた。

ハマスは戦争に勝利している？

米国の「フォーリン・アフェーアズ Foreign Affairs」誌は、「ハマスは勝利している：イスラエルの破綻した戦略はどうして敵を勝利させているか（Hamas Is Winning: Why Israel's Failing Strategy Makes Its Enemy Stronger）」という記事を２０２４年６月21日付で掲載した。同記事によれば、９カ月に及ぶ過酷な戦争を経てイスラエルにはハマスを打ち負かすための軍事的解決策は存在しないという現実を認識すべき時が来たという。イスラエルは４万人の戦闘部隊をガザ北部、南部に侵攻し、ガザの人口の80％を強制退去させ、また３万７０００人余りを殺害し、７万トンの爆弾を落としたにもかかわらず、ハマスの主張はむしろパレスチナの人々の間で支持を集めるようになったという。７万トンという爆弾の重量は、第二次世界大戦中にロンドン、ドレスデン、ハンブルクに落とされた爆弾の総重量を上回る（２０２４年７月時点）。

イスラエルがハマスの活動を封じたいならば、交渉によってパレスチナ国家を認め、ガザの人々の生活状況を改善することのほうが重要だが、イスラエル政府にはそのような発想が見られない。ガザの人々が紛争や困難な生活を強いられ、職も食料もなければイスラエルへの反発を強めるばかりだ。

アフガニスタンで日本の中村哲医師は用水路を築き、人々が食料を十分に得ることで、和平の実現を考えたが、ガザについてイスラエル政府に求められるのはそうした考えや行動だ。

軍事力でハマスが壊滅することがないのは、米国がベトナム戦争でベトコン（南ベトナム解放戦線）の制圧を目指し、米軍とＣＩＡが手を組んで北ベトナムと通じると考える「共産主義者」を南ベトナムから一掃する破壊工作（フェニックス作戦）に着手し、２万人以上が虐殺され、共産主義者が潜むとされた村が焼き払われてもなおベトコンの活動が消滅することはなかったのと同様だ。10月７日の攻撃は１９６８年にベトコンが米軍や米国関連の施設を一斉に攻撃したテト攻勢を彷彿《ほうふつ》させるものだ。テト攻勢に衝撃を受けた米国社会ではベトナム反戦を求める声が高まっていった。

「ＣＩＡの作戦はまるで見当違いで果てしなく暴走していった。私はＣＩＡの一員として祖国アメリカを誇りに思っていたが　それもベトナムに来るまでだった」

（ＣＩＡ元工作員　ラルフ・マギーの発言）

イスラエル軍が、ネタニヤフ首相の極右政権と異なってハマスとの停戦協議を支持するようになった背景には、イスラエルに対する軍事的脅威が多方面から現れたことと関連する。現在のイスラエルの戦争の敵はハマスやヒズボラのように国家主体ではない。しかし、イスラエルが周辺のアラブ諸国に軍事的脅威を感じていた１９６０年代、70年代にまでタイムスリップしたかのように、イスラエルは周辺を敵によって囲まれ、イスラエルにとって深刻な事態となっている。

２０２４年６月22日、テルアビブではネタニヤフ首相の辞任を求める15万人規模のデモが行われたが、これは２０２３年10月７日のハマスの奇襲攻撃があって以来、最大規模のデモとなった。ネタニヤフ首相への反発が強まったのは、人質交換交渉が成立するまでの間、ガザ空爆を停止することをネタニヤフ首相が拒否したことが大きい。人質の家族はネタニヤフ首相が政権の座にとどまる限りは、その解放の実現は不可能ではないかと悲観的になった。

米国のジョー・バイデン大統領は、２０２４年５月下旬「タイム」誌とのインタビューの中で、ネタニヤフ首相が権力の座にとどまりたいがために９カ月にもわたってガザの作戦を継続していると疑うのは正当なことだと語った。ネタニヤフが連立与党を維持できる限り、彼は２０２６年まで首相の座にとどまることができるが、イスラエル国家分裂の危機や外部からの脅威はますます深刻になりそうな気配が明確に感じとられるようになっている。

第2章

イスラエルの存立を脅かす ヒズボラ

2024年2月5日、レバノン・ベイルート近郊で、ヒズボラの指導者ナスララ師のテレビ演説を聴く人々　写真提供：ロイター＝共同

イスラエル最大の安全保障上の脅威、ヒズボラとイラン

ハマスに加えて、イスラエルと敵対し、戦闘状態にある軍事勢力がレバノンの政治・軍事組織「ヒズボラ（「神の子」の意味）」だ。

ヒズボラは１９８２年のイスラエル軍のレバノン侵攻に対抗する中で、イラン革命防衛隊の精鋭部隊クッズ（エルサレム）部隊の支援の下に生まれた。ヒズボラは創設以来、イランから財政的・政治的支援を受け、イランの支援はヒズボラをレバノンにおける最強の武装集団に押し上げていった。

イスラエルや米国がイランを攻撃すれば、同時にヒズボラがイスラエルを攻撃する可能性があるため、ヒズボラはイランにとってイスラエルや米国に対する抑止力となってきた。米国務省は２０１０年にヒズボラを「最も優れた攻撃技術をもつテロ集団」と認め、ヒズボラの活動は米国やイスラエルと敵対するイランにとって欠くことができない「資産」となっている。ヒズボラは、イエメンのフーシ派、イラク・シリアのシーア派武装集団とともに、イランが主導する対イスラエル・米国のネットワーク、「抵抗の枢軸」の一翼を担っている。

性能が高い、洗練されたミサイルやドローンを保有するヒズボラは、ハマスのイスラエルへの攻撃があった２０２３年10月以降、イスラエルを散発的に攻撃。前述のようにイスラエル

北部では避難した住民が帰還できない事態となるなど、イスラエルの存立をも脅かすようになっている。

２０２４年5月31日には、ヒズボラの指導者だったハッサン・ナスララ（ナスラッラー）師は、ヒズボラのイスラエルとの戦いが中東政治の方向性を決めるものだと発言した。彼は、ヒズボラとイスラエルとの戦いにおいて、イスラエルは敗北しつつあることを強調した。

イスラエル軍は２０００年5月までレバノン南部に駐留していたが、その目的の中にはレバノン南部の水源の確保もあったと見られている。そのため、ナスララ師はイスラエルとの戦闘は、レバノンの将来、その水源、またエネルギー資源の将来を決定するものだと述べていた。イスラエルとレバノンの間では２０２２年10月に合意が成立するまで、両国沖合のガス田をめぐる海域で対立を続け、カリシュ・ガス田をイスラエル側、カナ・ガス田をレバノン側に振り分ける内容で合意が成立したが、こうした合意もイスラエルとヒズボラの戦闘で崩れる可能性があるとナスララ師は語っていた。ナスララ師はヒズボラのイスラエルとの戦闘がパレスチナ人やレバノン人の運命にも関わるとも述べた。

ナスララ師の発言は、イスラエルのガラント国防相が、イスラエル軍がヒズボラの兵士３００人を殺害した後で、レバノンはさらに対価を払うことになるだろうと語ったことを受けてのものだった。ナスララ師はヒズボラがレバノン南部で軍事行動を継続することを明言し、全面戦争の用意もあるとも述べた。

米国のバイデン大統領は、2024年5月31日に、①6週間の停戦、②イスラエル軍のガザ撤退、ハマスがすべての人質を解放、③ガザの復興計画を開始、というガザ停戦案を発表した際に停戦と人質危機が解決すれば、イスラエル・レバノン国境も静穏になると語った。米国もガザの紛争がヒズボラの武力活動と連動していることは明確に理解している。

ヒズボラを生んだレバノン・シーア派社会

レバノンではイラン革命に心酔するシーア派ムスリムによって親イランのイスラム主義組織「ヒズボラ」が設立されたが、レバノンはイラン型のイスラム革命の輸出を考えるイランにとって格好の対象国だった。イラン革命の指導者ホメイニ師はイスラムを国家社会の中心に据《す》えることによって、不義の根絶と人々の平等の実現ができると訴え、イスラムの学識を備えたイスラム法学者による統治を主張していた。その考えに基づき、イランはレバノンについて、米国に対する勝利、イスラエル国家の抹殺、レバノンのイスラム化という3つの目標を設定している。

レバノンのシーア派人口は32％で、スンニ派が31・2％、30・7％がクリスチャン（米国務省２０２２年の統計 https://www.state.gov/reports/2022-report-on-international-religious-freedom/lebanon/）だが、ヒズボラはその支配地域においてイランと同様なイスラム国家創設を目指した。

対外的にもヒズボラは、イランの外交姿勢に追随《ついずい》し、イスラエルや米国との対決姿勢を鮮明にしていく。イランはヒズボラの軍事活動や社会事業に対して訓練や財政的支援を施していった。

１９８２年のイスラエルによるレバノン侵攻後の２年間、ヒズボラは米軍やイスラエル国防軍に対して自爆攻撃を繰り返したが、ヒズボラによる攻撃で甚大な被害を受けた米国はレバノンから、イスラエルはレバノン・ベイルートからの軍隊の撤退を余儀《よぎ》なくされた。中東で米国やイスラエルの軍隊の撤退を実現させたヒズボラは、イランの革命輸出政策の「偉大な業績」と考えられた。

ヒズボラをはじめとするレバノン・シーア派が国際的に注目されたのは、１９８０年代に入ってレバノン内戦が激しくなり、爆薬を搭載したトラックによる米海兵隊兵舎へ自爆攻撃や、欧米人を対象とした人質作戦の展開などが行われてからだが、しかし、レバノンのシーア派自体は、すでに7世紀にイスラムがスンニ派、シーア派に分裂した当初から存在していた。

第二次世界大戦中、レバノンの委任統治国であったフランスの影響力がドイツのフランス占領によって後退すると、代わってイギリスがレバノンの内政を左右するようになった。

イギリス推進の下、１９４３年に「国民協約」が成立し、この「国民協約」では、クリスチャンのマロン派に大統領職と国軍司令長官のポストが、スンナ派には首相職が与えられたが、シーア派は国会議長職を割り当てられたにとどまった。

この「国民協約」の時期には、レバノンのシーア派は、人口の上では第3位のコミュニティにすぎなかった。それからおよそ30年後の１９８０年代半ばには、最大の信徒を抱える宗派となるほど、シーア派人口は増加した。特に南レバノンのシーア派系住民の人口増加は、レバノン・エリート層の間では、貧困と無知によるものとされ、「国家の恥」としてレバノンの大きな社会問題となった。シーア派住民が居住するレバノン南部のジャバール・アミール地方は、「南」と侮蔑的に呼称され、貧困・病気・非識字の温床となり、電気・学校・病院などの面でほかのレバノンの地域から極端に後れをとるという有り様であった。

また、人口の上では急激に増加しても、シーア派は国家の行政機関より常に排除されていた。行政機関に勤めるシーア派の割合は、46年には政府の上級職員のわずか3・2%、また55年にも3・6%にすぎなかった。

このように、政治・経済的抑圧の下に置かれたシーア派であったが、宗派全体の利益を代弁するような政治組織は1950年代末まで現れなかった。その後、シーア派ウラマー（聖職者）のムーサー・アル・サドル（1928〜78年行方不明）を得て、シーア派コミュニティは次第に政治化していく。1928年にイランで生まれた彼は、1959年にレバノンに移住し、レバノンの経済発展の恩恵を受けないシーア派社会の福利向上を訴えた。アル・サドルは「被抑圧者の運動」（後の「アマル」）という組織を設立し、シーア派社会に対する「不正義」の是正を強く主張したが、彼のカリスマ的性格とともに「アマル」は急速に勢力を拡大する。しかし、アル・サドルは1978年8月にリビアを訪問した際に突然姿を消した。この「行方不明」によってアル・サドルは「神隠れした」イマーム（宗教指導者）としてレバノンのシーア社会では逸話的に語られるようになった。ともあれ、レバノンのシーア派を政治化した彼の功績には特筆すべきものがあった。

1982年6月から8月にかけてのイスラエルのレバノン侵攻と、その後3年にわたる占領は、シーア派に急進的で過激な色合いを与えることになる。この過激化傾向とともに19

82年にベイルートの西郊外で別のシーア派組織が設立される。それがヒズボラだった。

レバノンのシーア派は、イランと密接な関係があるものの、民族的にはイランと異なる「アラブ」である。中東の民族はイラン人がペルシア語を話し、アラブ人がアラビア語を話すというように、言語によって分類される。アラブ世界全体ではシーア派人口は少なく、10%から20%といったところだ。過去にはほかのアラブから少数派のシーア派信仰によって蔑まれ、無視されてきたこのアラブ世界の「異端児」がイスラエルに対して最も先鋭的な闘争を行うようになった。そしてヒズボラが活動を開始した1980年代にパレスチナのヨルダン川西岸でレバノン・シーア派に連動した武装闘争も行われるようになり、「パレスチナの解放」というアラブの民族闘争に重要な役割を果たしている。イスラエルによって占領され、抑圧されるパレスチナ人ムスリムはスンニ派信仰だが、シーア派のヒズボラの活動はパレスチナ人によって圧倒的に支持されていることは疑いがない。

ヒズボラの軍事能力の向上

イスラエルは2024年6月2日、レバノン南部に攻撃を加えた。人体に深刻な影響を与え、非人道的な兵器と国際的に非難されている白リン弾を使用したとみられている。これはヒズボラと見られるレバノンの武装集団がイスラエルのドローンを撃墜したことへの報復だった。

２０２３年10月７日のハマスによるイスラエルへの奇襲攻撃は抑止、早期警戒、防衛というイスラエルの国防ドクトリンが破綻していることを示したが、イスラエルはヒズボラの攻撃についても、同様にその弱点を露呈している。

ヒズボラは正確で、洗練された、破壊力の大きなミサイルを戦闘に導入するようになり、イスラエルの防空システムを突破している。６月３日、ヒズボラはイスラエル軍のガリラヤ地域の基地をドローン編隊で攻撃。ほとんどのヒズボラのドローンがイスラエルの空域に侵入することに成功した。増加するヒズボラのイスラエルへの攻撃は、２０２４年４月のイランとイスラエルの軍事衝突を受けてのものだ。

ヒズボラの戦力の向上にイスラエルは有効に対処できていない。５月14日、ヒズボラはイスラエルの監視気球を撃墜し、その基地があるイスラエル北部のアダミット地区を攻撃。また６月１日には、イスラエルの新鋭のヘルメス９００軍用ドローンを撃墜した。

ヒズボラの軍事能力の向上はイスラエル国民に不安と懸念を与え、国民がイスラエルの政治・軍事指導者の能力に疑問を投げかけることになっている。イスラエル北部メトゥラ入植地の指導者は、ヒズボラの攻撃により避難している住民の30％から40％は当面帰還できないだろうと語るようになった。イスラエル北部のガリラヤ湖周辺では9万6000人余りの住民が避難しており、ヒズボラの脅威に有効な手立てを講ずることがなく、いつ帰還できるかを明らかにすることもないネタニヤフ政権に見捨てられたと感じるようになっている。

イスラエル軍は、ガザでハマスを完全に制圧できなかったばかりか、1年以上戦っても人質を完全に解放することもできなかった。イスラエル北部住民たちの大規模な避難は、イスラエルが北の戦線で大きく後退していることを示していた。ガザでの戦闘は出口が見えなくなり、他方で、ヒズボラはロケット弾やミサイル、ドローンによって正確にイスラエルの陣地を数秒でもって攻撃、破壊できるようになった。現状のイスラエルはヒズボラとの戦いに完全に対応できるほどの技術や兵器をもち合わせていない。

イスラエルのメディアは、ガザでの戦争に終わりが見えないことや、北部ではヒズボラに有効に対処できず、またイエメンやイラクからミサイルが飛来し、またヨルダン川西岸でも武装集団の攻撃があることを非難するようになった。これはイスラエル軍が自国を防衛する能力にも欠如していることを示すものだ。

2023年10月7日以来のヒズボラとの戦闘ではイスラエルの監視気球、偵察用ドローン、また防空システムのアイアンドームの発射台などが破壊され、イスラエルの防衛体制に衝撃を与えている。ヒズボラがイスラエルのテクノロジー産業地区を攻撃するようになれば、イスラエル経済への打撃も計りしれない。

エスカレートする攻撃の応酬

２０２４年6月12日、ヒズボラはイスラエルに対して２００発以上のロケット弾を撃ち込んだが、これはヒズボラのターレブ・アブドゥッラー司令官が殺害されたことに対する報復として行われた。応酬が続く中、ヒズボラ、イスラエル双方とも「戦争」にまで戦闘をエスカレートさせる姿勢を見せるようになった。２０２３年10月7日以来、ヒズボラの司令官が殺害されるのは、1月にヒズボラのエリート部隊・ラドワーン隊のウィサーム・アル・タウィール司令官に次いで2人目だった。ヒズボラはアブドゥッラー司令官のほかに3人の兵士が死亡したことを明らかにした。

現在ヒズボラは大量のロケット弾を保有するとみられ、イスラエルはその脅威を深刻に考えている。ヒズボラは自爆型ドローンや、カメラ搭載で、一度標的を捉えれば（ロックオン状態）後は発射するだけでミサイル自体が能動的に標的を追尾するいわゆる「撃ちっ放しミサイル」も保有している。ヒズボラのミサイルの性能向上は、イスラエルへの脅威を増すとともに、ヒズボラの戦闘員の犠牲を少なくさせることにもなっている。

ヒズボラはさらに、イスラエルへの攻撃の地理的範囲も拡大させ、イスラエルがシリアから占領するゴラン高原、ガリラヤ湖北にあるサフェドの町にあるイスラエル軍の基地にもヒズボラのミサイルやロケットは着弾するようになった。サフェドは、ユダヤ教にとっては由緒ある町で、ここでの古代のラビたちの議論は、『タルムード』（ユダヤ教の口伝律法と学者たちの議論を書きとどめた議論集）にも記されており、イスラエルにとっては宗教上でも象徴的な町だ。ゴラン高原やサフェドへの攻撃には自爆型ドローンも用いられるようになっている。

イスラエルが２０２４年１月２日にレバノンの首都ベイルートでハマスのサレフ・アル・アロウリ（サーレハ・アル・アルーリー）副政治局長を殺害し、また同月８日にタウィール司令官を殺害すると、ヒズボラの攻撃はイスラエル北部のメロン基地に集中的に行われるようになった。ヒズボラの攻撃は米国にも深刻な脅威として見られ、６月12日のヒズボラの攻撃後、アントニー・ブリンケン国務長官は、ヒズボラの攻撃でハマスが有利な条件を引き出そうとしていると主張した。

ヒズボラの軍事力を見る

イスラエルが保有する核兵器も、ヒズボラのような非国家主体には抑止機能を果たさない。イスラエルは１９６０年代後半に核兵器を保有するようになったが、アラブ諸国がパレスチナをめぐるイスラエルとの戦争に１９７３年の第四次中東戦争以降、参戦することがないのはイスラエルの核兵器の脅威もある。イスラエルに核兵器がなければ、アラブ諸国はイスラエルと戦うのにというアラブ人の声に接することがあるが、核の恫喝《どうかつ》は非国家組織のヒズボラには通用しない。

ヒズボラの武装は、ロケットを中心にする飛翔兵器だ。米国ＣＩＡ（中央情報局）によれば、ヒズボラはロケット15万発を保有している。ミサイル、ドローン、対戦車ミサイル、対空ミサイル、対艦ミサイルなども保有し、これらの武器のヒズボラへの供給国は主にイランである。イラクとシリアを経由してヒズボラに武器を提供してきた。イラク戦争でサダム・フセイン政権が倒れたことも、イランによるヒズボラへの武器移転を容易にした。

ヒズボラをはじめイラクやシリアで活動するシーア派の武装集団が保有する武器の多くはイラン、ロシア、中国製だ。ヒズボラは２０１１年に中東の民主化要求運動「アラブの春」がシリアで発生しアサド政権が動揺すると、２０１３年にシリア内戦への関与を公式に認めるようになった。アサド政権を支えるために、ロシア軍、イランの革命防衛隊とともに戦い、7000人を派兵したと見られている。2019年にヒズボラがシリアから撤退したのは、アサド政権が軍事的に優位に立ち、一応の安定ぶりを見せてからのことだった。

ヒズボラ最高指導者のナスララ師は2021年にヒズボラの戦闘員は10万人いると語ったが、CIAワールドファクトブックによると、2022年の時点で約2万人の正規兵と、2万5000人の予備役兵から成る最大4万5000人の戦闘員がいるとみられている。

ヒズボラは、2006年のイスラエル軍によるレバノン侵攻に対して誘導対戦車ミサイルを多用したが、ヒズボラの対戦車ミサイルにはロシア製のコルネットやイラン製の「アルマース」光ファイバー有線誘導ミサイルがある。2024年6月にアルマースにより、イスラエル軍のアイアンドーム発射機が破壊された。このアルマースはイスラエルのスパイクミサイルをモデルにイランの防衛産業で製造される「主力商品」で、アルマースは弓状の軌道を描いて視界外の標的を攻撃し、上空からの攻撃も可能な対戦車兵器だ。

2006年のレバノン侵攻では、海岸から16キロ離れたところに停泊するイスラエルの軍艦を攻撃し、イスラエル兵4人を殺害しており、それ以来、射程300キロのロシア製ヤコント対艦ミサイルの保有も明らかになっている。

また、ヒズボラは、2023年10月29日に南レバノン上空でイスラエルのドローンを撃墜している。それまでもヒズボラが対空ミサイルを保有していると見られてきたが、ヒズボラはこの時初めて対空ミサイルを使用してその保有を明らかにした。ヒズボラはその後2024年4月21日にイスラエル軍の無人航空機（UAV）ヘルメス450と、また2024年6月10日にヘルメス900を撃墜した。イスラエルもこれらの撃墜を確認している。

2023年10月のガザ戦争勃発後、ヒズボラは爆発物の重量が300キロから500キロのカチューシャ・ミサイルやブルカーン・ミサイルを発射した。2016年にナスララ師はハイファのアンモニア貯蔵タンクをミサイルで攻撃したら、その爆発の威力は核爆弾のようなものになると発言したことがある。イスラエルはこうした発言にも敏感にならざるを得ない。

レバノン人の憎悪を生むイスラエル軍の侵攻

レバノンでは、2024年9月17日から2日間にわたってポケベルなど通信機器数百台が爆発、30人余りが死亡し、4500人が負傷した。イスラエルが、ヒズボラが多く使うポケベルや通信機器に爆弾をしかけたと考えられていたが、同年11月11日、ネタニヤフ首相がこの攻撃作線を承認していたことを認めた。

ポケベル攻撃の直後、イスラエルのヨアブ・ガラント国防相は、ガザ戦争の「新たな段階」の開始を宣言し、「資源と戦力を転用することで、戦争の重心が北に移りつつある」と述べた。

さらに、イスラエル軍はヒズボラの最高指導者のナスララ師を２０２４年9月27日、空爆によって殺害した。ナスララ師など幹部たちが殺害されたことによって、ヒズボラは弱体化したという見方もあるが、レバノン各地に様々な指導部をもっているヒズボラは若い世代のメンバーたちによって組織の立て直しが速やかに行われるだろうと見られている。

イスラエルはポケベル攻撃に見られたように、ヒズボラの通信網を破壊し、ヒズボラのエリート部隊であるラドワン部隊の司令官たちを殺害したが、ヒズボラは１９９２年に最高指導者のアッバース・ムサウィがイスラエル軍のミサイルで殺害されると、即座にナスララ師がその後継になったように、速やかに指導者を交代させてきた。ガザのハマスと同様に、軍事力でヒズボラの運動を根絶することは不可能だ。

イスラエル軍は２０２４年10月8日、レバノンへの地上侵攻を開始した。イスラエル軍のレバノン侵攻の目的は、レバノン南部を流れるリタニ川の北にヒズボラを押し出し、ヒズボラの脅威を減じることによって、ヒズボラの攻撃から逃れるイスラエル北部の10万人近い避難民を自宅に帰還させることだ。それはネタニヤフ首相の公約でもある。

１９８２年のイスラエル軍のレバノン侵攻は、何千人ものレバノン人の犠牲をもたらし、レバノンの政治・社会を混乱に陥れ、ヒズボラを誕生させたが、それと同様な介入をイスラエルは２０２４年10月に再び行っているともいえる。

だが２０２４年10月はイスラエル軍にとって、ハマスの奇襲攻撃以来、最も犠牲の多い月となった。１カ月間で62人の兵士が戦闘で死亡し、イスラエル国内ではヒズボラのミサイル攻撃などで15人の市民と２人の警官が犠牲になった。イスラエル軍のリハビリテーション部門では１万２０００人以上の負傷者を治療しており、その数は毎月およそ１０００人ずつ増加している。またこれらの数は過少に公表されているのではないかと野党などから疑問が呈されている。

南レバノンではイスラエル軍の状況はさらに悪く、侵攻後３週間を経過しても、国境から２キロ以上離れた地点を確保できず、死傷者が多すぎるので、頻繁な撤退を余儀なくされている。これはヒズボラをリタニ川以北まで押し上げるという当初のイスラエル軍の目標からはほど遠いものだ。イスラエル・レバノン国境からリタニ川までは29キロある。ヒズボラの兵士たちはイスラエル軍を誘い込み、トンネルを使ってイスラエル軍を背後から攻撃するなどの戦術をとっており、ヒズボラの関係者たちは幹部暗殺はヒズボラの戦闘能力にほとんど影響がなかったと述べている。

イスラエルはアルジェリアから撤退したフランス、ベトナムやアフガニスタンから撤退した米国の教訓を学んでいない。戦争が長引けばイスラエルをめぐる状況はいっそう悪くなることは明らかだ。レバノンやパレスチナ、シリア、イラクなどイスラエルを囲むようにしてあるアラブ諸国や地域からは、反イスラエルの武装闘争を担う民兵たちが際限なく現れることだろう。イスラエル軍は戦争に勝利することなどないことに、多数の犠牲者が出るまで気づかないのだろうか。

第3章

戦争で自壊が進む
イスラエル経済

2023年10月のイエメン・フーシ派のミサイル攻撃により炎上したタンカー　写真提供：Indian Navy／ZUMA Wire／共同通信イメージズ

戦争により経済が停滞するイスラエル

イスラエル経済はガザ戦争で大きく落ち込むことになった。

2024年2月の時点のGDPは、2023年の第4四半期に比較し、19％落ち込んだ。イスラエル中央統計局によれば、個人消費は26・3％減少、輸出は18・3％減少し、住宅用建物などの固定資産投資は67・8％減少した。他方で主に戦費や企業や家計への補償を目的とした政府支出は88・1％増加した。第7章で詳しく述べるフーシ派の攻撃は、スエズ運河の収入を40％から50％減らすと予測されている。スエズ運河により地中海と結ばれている紅海は、世界の海運の15％が通過する、世界貿易にとって極めて重要な航海ルートだ。

イスラエルは経済的には2000億ドル（28兆円余り）の外貨準備高と米国からの軍事支援140億ドル（2兆円近く）によって戦費をまかなおうとしたが、他方でガザ戦争では25万人の国民が避難を余儀なくされ、36万人の予備役兵が召集され、避難と予備役の召集はイスラエル経済の停滞をもたらす要因となった。

イスラエル銀行、イスラエル財務省によれば、2023年10月7日から2024年3月末までに、イスラエルの戦費は730億ドル（11兆5000億円ほど）かかっている。

これはあくまで戦費で、ガザ近郊から退避している25万人のイスラエル国民に対する補償などは含まれていない。また、イスラエルでは、北部でレバノンのヒズボラの攻撃から退避している人々もいて、彼らの戦時補償も考えなくてはならない。さらに、ガザでの戦争に駆り出された36万人の予備役兵の給与の支払いの問題もある。

先進的なアイデアと技術で新しいビジネスをつくり出すスタートアップ産業はイスラエルの成功分野だったが、ネタニヤフ政権の司法改革の試みに対する抗議運動が激しくなると、この分野への外国からの投資は減り、２０２３年には半減したとされている。

２０２３年10月末、イスラエルの経済学者３００人が政府に公開書簡を書き、ネタニヤフ首相と極右政党出身のベザレル・スモトリッチ財務大臣に対し、予算の優先順位を検討するように求め、超正統派コミュニティ向けの教育プログラムのために確保しておいた資金を軍事費に回すように要求した。超正統派はすでに述べたように、労働することもなく、宗教教育に重点が置かれる独自の教育プログラムをもっているが、彼らの宗教活動はイスラエル社会では偏って優遇されている。

また、極右のスモトリッチ財務相やベングビール国家治安相は、イスラエルの企業が労働力不足を補うために、より多くのパレスチナ人を雇用することに反対している。このあたりにもイスラエルの極右の人種観が表れている。

イスラエル経済がガザ戦争の長期化によって打撃を被《こうむ》ることは明らかだが、極右が支配するイスラエル政治では戦争の継続は必然とも言ってよい状態になっている。こうしたイスラエルの軍国主義的性格が、イスラエル経済を麻痺させており、今後も低迷や停滞を継続させる可能性が高い。

自壊するイスラエル経済と軍事覇権主義が教えるもの

米国CIAの元職員で、カリフォルニア大学サンディエゴ校の教授も務めたチャルマーズ・ジョンソンは、米国の軍事覇権主義は「絶え間ない戦争、民主主義の崩壊、真実の隠蔽、そして財政破綻」という「4つの悲劇」をたどって崩壊への道をたどるだろうと予想した。

この予想は現在のイスラエルにも当てはまるように見える。

イスラエルのヘブライ語紙「マーリヴ」は2024年7月10日、ハマスの奇襲攻撃と、イスラエルの報復が始まった2023年10月7日以来、イスラエル国内の4万6000の事業が閉業に追い込まれたことを報じた。記事はイスラエルを「崩壊する国」と形容し、イスラエル経済の危機的状態を分析した。

この記事によれば、最もダメージが大きかったのは建設業で、それに関連するセラミックや、空調、アルミニウム、建築資材などのエコシステム全体も深刻な影響を受けているという。イスラエルの建設業が不振に陥ったのは、ガザでの戦争開始によりヨルダン川西岸やガザからパレスチナ人労働者を調達できなくなったことが大きい。2023年10月7日以前、ヨルダン川西岸からイスラエルに通っていたパレスチナ人労働者は20万人、またガザからも1万8500人がイスラエルに労働に赴《おもむ》き、そのうち8万人前後が建設現場の初期工事を担っていた。イスラエルでは2023年終盤に建設工事が95％も減少し、建設業の低迷によって経済全体が19％も落ち込んだ（ロイター、2024年3月24日）。

戦争によって貿易も大きな影響を受け、また、イエメンのフーシ派による船舶への攻撃によってイスラエル南部の主要港であるエイラトの収入も大きく減少している。アジア諸国からの原料や機械、原油、燃料、小麦、自動車などがエイラト港に陸揚げされなくなった。イスラエルの戦争を支援する米国やイギリスの船舶も寄港が困難になっている。ネタニヤフ首相はイスラエルをより安全にすると言って戦争を継続しているが、イスラエルは国民生活の根幹である輸入食料まで戦争で失いつつある。

世界の海運情報を扱う「ワールド・カーゴ」のウェブサイトによれば、エイラト港は商業活動がなくなったために破産状態となり、エイラト港湾会社（Eilat Port Company）のギデオン・ギルバートCEOによれば、2023年10月から2024年6月までの8カ月間余りでエイラト港への海運は実に85％減少した。この落ち込みでギルバートCEOは港湾事業の継続や恒久的閉鎖を免れるために、イスラエル政府の財政支援が必要と語っていたが、2024年7月7日、ついに破産を宣言した。

食料自給に関わる農業も危機的状態にある。2024年6月20日付の「エルサレム・ポスト」紙は戦争開始以来、イスラエルの農業生産が80％落ち込んだことを報じている。その背景には多くの農業労働者が予備役に召集されたり、タイなどから来ていた外国人労働者が治安上の理由で帰国したり、さらにパレスチナ人労働者が閉め出されたことがある。イスラエルの農業農村開発省のデータでは、2023年10月7日以来、1万人の外国人農業労働者がイスラエルを離れ、また2万人のパレスチナ人労働者がイスラエルへの入国を禁止された。また、イスラエル南部ではハマスのロケットが着弾する危険があるために、農地では、10月7日から1カ月間は1日の労働が2時間しか許されず、その後は兵士に守られながら午前7時から午後4時までは労働することが許可されるものの、通常の農業活動を維持するには十分ではなく、多くの農地が休耕地となっている。

「タイムズ・オブ・イスラエル」（2024年4月21日付）によれば、イスラエルの農地の20％

はガザとの境界地帯にあり、イスラエルで消費される野菜の75％は同地帯で生産されている。またヒズボラのロケットやミサイルが着弾するイスラエル北部は、イスラエル全農地の３分の１を占め、国内の鶏卵生産量の約73％がイスラエル北部のガリラヤ地方や、イスラエルがシリアから占領する北東部のゴラン高原に集中しており、農業は危機的状況におかれている。

ガザ戦争以来の２０２３年12月にはイスラエルに輸入された野菜と果物が６万トンと倍増し、その価格も著しく上昇した。こうしたイスラエルの食料不安によって国民の適切な発達と健康に必要な栄養を供給できないとも政府が判断するようになっている。

イスラエルの農業は外国人労働者が離れた結果、大学生のボランティアに頼るようになったが、それでも農業の労働力不足は顕著で、１万人の労働力不足が指摘され、イスラエル農業農村開発省もパレスチナ人の女性を年齢に関わりなく、また60歳以上のパレスチナ人男性合わせて８０００人をヨルダン川西岸から雇い入れる計画を提案したが、ベングビール国家治安相は安全上の問題があるとして、この提案を拒絶した。

ガザの食料事情はより深刻だ。イスラエルのガザへの攻撃によって、ガザの農業は壊滅的状態にあり、ガザでは80％の農地が破壊され、肉や乳製品を供給する家畜の70％が殺された。ガザの食料事情は全人口が危機的レベルにあり、国連は50％以上の世帯が家に食料がなく、

1日中ほとんど何も口にすることなく暮らす人口が20％と見積もっている。（https://www.rescue.org/article/crisis-gaza-what-you-need-know）

ソ連出身で、米国のハーバード大学やニューヨーク大学で教授を務め、ノーベル経済学賞を受賞したワシリー・レオンチェフ（1905〜99年）は冷戦が終わった頃、米国は軍備に充ててきた予算を教育や研究開発に振り向ければ経済の再生につながると発言し、それが「平和の配当」であることを強調した。（https://www.jnpc.or.jp/journal/interviews/34899）

イスラエルが経済を再生させるには、ガザ停戦を一刻も早く実現し、パレスチナ国家を認め、パレスチナ人やイラン、シリアなど従来敵対してきた勢力や国との戦争状態を解消することが必要だが、極右を含むネタニヤフ政権の視野は狭く、平和を創造するための発想には極めて乏しい。極右勢力の影響を強く受けるようになったイスラエルは当面和平への関心もなく、その実現のための具体的方策をとることもないだろう。第二次世界大戦後、日本や西ドイツの経済発展があったのは、米国やイスラエルのように莫大な軍事費を支出することなく、軍需よりも民需を重視したからだ。戦争で経済が疲弊するイスラエルの姿は、防衛費の伸びに政策の力点を置く現在の日本政界にも教訓を与えるものだ。

イスラエルを訪問する観光客の大幅な減少

イスラエルを訪問する外国人観光客も大幅に減少しており、この分野でもイスラエル経済は打撃を被《こうむ》っている。

２０２３年10月のガザ戦争以来、日本の外務省の海外安全ホームページでは、イスラエルはガザ地区との境界周辺とレバノンの国境地帯に退避勧告が出され、イスラエルが占領するヨルダン川西岸もほとんどが「渡航中止勧告」が発令されており、またイスラエルの多くの部分が「渡航は止めてください」と表記されている。

同様の措置《そち》は他国でもとられており、イスラエルを訪れる観光客は２０２３年10月にガザでの戦争が始まって以来激減している。イスラエル政府の中央統計局によれば、２０２４年３月にイスラエルを訪問した観光客は７万９５００人で、２０２３年３月の37万５６００人から大きく後退した。また、２０２４年１月から３月の観光客は20万６７００人で、昨年同期の96万６２００人からやはり大きく減っている。

イスラエルの航空会社であるエル・アル、アルキア、イズレール航空はフライトを継続したが、たいていの外国の航空会社は10月７日の戦争勃発を受けてフライトをキャンセルした。２０２４年に入って外国の航空会社もフライトを再開しつつあるが、イスラエルを訪問する観光客減少に歯止めはかけられていない。他方で、イスラエルを離れ、外国を訪問する人々は少しずつ増加する傾向にある。戦争が続き、一部で避難を余儀なくされるイスラエルから安全や気分転換を求めて国外に渡航することは大いにあり得ることだ。

中央統計局によれば、2024年3月にイスラエルから外国に出た観光客は、41万5300人、前月（2月）の34万3800人に比べると回復したが、それでも2024年1月から3月は104万6000人で、前年同期の191万9300人よりは減少した。

欧州委員会の2018年の資料によれば、観光産業はイスラエルのGDPの2・8%を、またイスラエルの全雇用の3・5%を構成し、直接、間接的にイスラエルの観光業に関わるのは23万人の人々だ。

特にエルサレムはクリスチャンにとって2000年余り巡礼の地となってきた。2019年に観光業はイスラエルに84億6000万ドル、パレスチナには10億ドルの収入をもたらした。パレスチナ観光の中心になるのはキリスト生誕の地であるヨルダン川西岸ベツレヘムにある聖降誕教会と巡礼路だが、ガザ戦争はイスラエルだけでなく、パレスチナにも観光収入の減少をもたらしている。

旅行業は経済的な重要性もあるが、イスラエル建国のイデオロギーであるシオニズムにとってもシオニズムと世界をつなげるツールであり、パレスチナへのシオニストたちの定住や入植に貢献してきた重要な産業でもある。また、近年ではキリストの再臨を信じる米国の福音派が団体で訪れたり、世界各国のディアスポラ・ユダヤ人の若い世代にイスラエルへの旅行の機会が提供されたりすることもあって、イスラエルの観光産業は成長を遂げてきた。

ガザ戦争が始まって以来、エルサレムではクリスマス、ラマダン、過越祭、イースターなどの各宗教の行事があったが、それらの活気は明らかに見られなくなった。ガザでの殺戮や破壊の様子、パレスチナ人たちの苦難が世界に伝えられ、またイスラエルの行為はジェノサイドに相当する可能性があるという国際司法裁判所の判断を経て、イスラエルへの好感が後退し、イスラエルの観光産業がかつての活気を取り戻すのは当面困難な状態にある。少なからぬ世界の人々はイスラエルの暴力的側面を新たに知り、イスラエルに共感を覚える人は明らかに減少してしまっている。そういった点もイスラエルの観光産業の将来に有形無形の否定的影響を及ぼすことだろう。

テルアビブのジャッファ地区はキリスト教やイスラムの遺跡とともに、欧米と中東の料理を提供するレストランが立ち並び、観光客を楽しませてきたが、現在は観光客の姿は消え、訪れるのは戦争の報道をするジャーナリストが主になった。ホテルは政府からの補助金を得て国内避難民を収容するようになったが、それでもホテル産業はは減収となっている。

世界で拒否されるイスラエル人観光客たち

このように、イスラエル国内の観光産業は停滞するようになったが、海外に出かけるイスラエル人に対しても変化が起きている。

2024年6月17日、京都の「ホテルマテリアル」は宿泊予定者がイスラエルの軍関係者であることを理由に予約をキャンセルした。ホテル側は予約があったアレックス氏に、イスラエルのガザにおける戦争犯罪を理由に宿泊をキャンセルしたことを伝えた。アレックス氏に宛てられたホテル・マネージャーのメッセージにはガザではイスラエル国防軍による戦争犯罪が繰り返され、イスラエル国防軍と関係がある人物に宿泊を提供できないことが書かれていた。ジュネーブ議定書、あるいはその追加議定書に基づく国際人道法によって禁じられた行為を行う人物に宿泊を提供することは、戦争犯罪の共犯と見なされる可能性があるというのがマネージャーによる宿泊拒否の理由だった。

これにギラッド・コーヘン駐日イスラエル大使が猛烈に抗議し、調査の上、このマネージャーを解雇することをホテル側に要求した。1973年12月3日に成立した国連総会決議3

０７４号（XXVIII）には「戦争犯罪及び人道に対する罪を犯した者の発見、逮捕、引渡し及び処罰における国際協力の原則」が規定され、「国家は、平和に対する罪、戦争犯罪又は人道に対する罪を犯したと認める重大な理由がある者に対しては、庇護を与えてはならない」とされている。（https://www.ohchr.org/en/instruments-mechanisms/instruments/principles-international-co-operation-detection-arrest）

この国連決議の主体は国家だが、戦争犯罪人に宿泊を与えることは国際法に違反するとホテルのマネージャーは判断したのだろう。ホテルのマネージャーは、ブラジル人のジェレニモ・ゲレス氏だが、ブラジルのルラ大統領はイスラエルのガザ攻撃をナチス・ドイツのホロコーストやヒトラーになぞらえるなど厳しい批判を行っている。２０２４年2月にルラ大統領は駐イスラエルの大使を召還するなど両国関係が悪化しているが、ゲレス氏の判断は、ルラ大統領と同様に、イスラエルのガザ攻撃に対する厳しい批判の思いをにじませたものだった。ホテルマテリアルのイスラエル人観光客に対する対応について京都市は、旅館業法に基づいて行政指導したが、法的な措置は追及しなかった。上川陽子外相はイスラエルとの関係を懸念して国籍を理由とする宿泊拒否は許容できないと述べた。

同様な事例は京都のケースの直後の２０２４年6月22日に、パリの「ノボテル・パリポルト・ドゥ・ベルサイユ」ホテルでも起き、アラブ系イスラエル人のマフムード・オマリ氏は妻と娘とともに、予約してあったこのホテルで宿泊拒否にあった。その翌日にはギリシャのケファロニア島で、カヤックによるツアーを観光客に提供する「シー・カヤッキング・ケファロニア」はイスラエル人女性観光客によるツアー参加を拒否した。「シー・カヤッキング・ケファロニア」は拒否の理由を「情勢のため」とした。その女性観光客が「何の情勢?」と尋ねると、ガザでの戦争という答えが返ってきた。

また、インド洋に浮かぶ島嶼国《とうしょこく》であるモルディブは、2024年6月2日にイスラエル人観光客の受け入れを禁止した。モルディブのムイズ大統領のガザに対する同情は強く、国連パレスチナ難民救済事業機関(UNRWA)と連携してパレスチナを支援するための資金を募り、「パレスチナと連帯するモルディブ国民」のスローガンを掲げている。モルディブの宗教はイスラムだが、イスラムは強い同胞意識がある宗教で、イスラエルによる攻撃を受けるガザに対する強い同情がムイズ大統領にはある。他方でムイズ大統領は、イスラエルのアラブ系市民への受け入れについての対応は検討している。

ほかにも、スペイン・マドリードのオヴェハ・ネグラ・ビーガン・レストランは6月に「シオニストお断り "Zionist-free zone."」というサインを出し、パレスチナにおけるジェノサイドに無頓着な人もドアの中に入れないとインスタグラムに書き込んだり、スコットランドのモスキーズ・サンドイッチ・ジュース・バーも「"Zionist-free zone."」の表示を出したり、ベトナム・ハノイの有名なカフェの主人がイスラエル人家族へのサービスの提供を拒否する動画がインターネット上で閲覧数数千万を超えるなど、ガザに対する同情や連帯はイスラム世界だけにとどまらない現象となっている。

こうしたイスラエル人観光客拒否の動きをイスラエルの「ハアレツ」紙などは「反セム（ユダヤ）主義」という表現を使い非難するが、ヨーロッパの飲食店が"Zionist-free zone."という表現を使うように、ユダヤ人そのものを拒否する性格のものでなく、あくまでガザで非人道的な攻撃を行うシオニズムに基づくイスラエル国家のふるまいに対する拒絶や抗議を表すものだ。

２０２４年7月19日、国際司法裁判所は、１９６７年の第三次中東戦争以来続くイスラエルの占領政策が国際法に違反し、イスラエルは占領地における入植活動を停止する義務があるという勧告意見を出した。イスラエルが国際社会のルールを守り、パレスチナ人の人権を尊重し、パレスチナ人との共存に努力を払っていくならば、世界がイスラエル人観光客を拒否したり、フーシ派がイスラエルをドローンで攻撃したりすることもない。イスラエルはその安全を確実にする方途を根本的に誤っていると言わざるを得ない。(https://www.haaretz.com/israel-news/2024-07-15/ty-article/.premium/zionist-free-zone-israelis-are-increasingly-unwanted-at-global-tourism-sites/00000190-b60f-d9f4-afd5-fe8fec740000)

第4章

イスラエル政治を支配する極右政治家たち

イスラエル国会で同席するベングビール国家治安相（左）とスモトリッチ財務相　写真提供：ロイター＝共同

メイル・カハネの「修正シオニズム」

イギリスの医学雑誌「ランセット」に掲載された記事（2024年7月5日付）では、2023年10月からのガザの犠牲者はガザ地区全人口の8％に相当する18万6000人であると推測している。ガザの保健省はその時点での犠牲者を3万8153人としていたが、この数字は瓦礫《がれき》の下に埋もれている遺体を計算に入れず、また食料配給や医療・衛生システムの崩壊による死者を含めていないとランセットの記事は述べている。ガザの35％の住宅・ビルが破壊されたことを考えれば、瓦礫の下には少なくとも1万人は埋まっているとランセットの記事には書かれている。この記事が、即時停戦とガザへの人道的支援を求めていることは言うまでもない。

ガザでの大量殺戮を主張し、推進するのがイスラエルで台頭するようになった極右勢力のイデオロギーや活動だ。

東エルサレム、ヨルダン川西岸からパレスチナ人を追放することを考えるイタマル・ベングビール国家治安相はメイル・カハネ（1932～90年）という極右の思想家の強い影響を受けている。

アラブ人をイスラエル国内や占領地から暴力を行使してでも追放せよと訴えるカハネの主

張は、彼の生きていた時代はイスラエルでも非合法であったが、現在はベングビール国家治安相などイスラエルの極右政治家や、パレスチナ人に暴力をふるってまでも、その土地を奪おうとする極右入植者たちに強い影響力を及ぼすようになり、彼らは公然とカハネへの支持を口にしている。

カハネは米国ニューヨークのラビ（ユダヤ教の宗教指導者）の家庭に生まれている。父親のチャールズ・カハネは、ユダヤ人がパレスチナ全域を支配するというイデオロギーである「修正シオニズム」の支持者で、チャールズは修正シオニズムのイデオロギーをつくり出したウラジミール・ジャボチンスキー（1880～1940年、後にゼエブ・ジャボチンスキーと呼ばれる）とは親友の間柄だった。カハネの親族は5人が1938年にパレスチナで反シオニズム運動のアラブ人に殺害されたり、またナチスのホロコーストの犠牲になったりするなどしており、カハネの個人的な背景も彼の急進的な考えを形成していった。

カハネは、1946年に若くしてユダヤ人の修正シオニズムの右翼組織「ベタル」に参加するようになった。若い頃には、当時のイギリスの外相アーネスト・ベビンの反シオニズムの姿勢に憤慨し、野菜を投げつけて逮捕されたことなどがある。カハネは、ブルックリン・カレッジで学士号を、またニューヨーク法学専門学校で法学士の学位を取得し、ニューヨークのイェシーバー（ユダヤ教の神学校）で学んで正統派ラビになった後に、1960年代半ばに執筆活動を始め、米国のベトナムへの介入を支持した。

1968年に戦闘的な「ユダヤ防衛連盟（Jewish Defense League〔JDL〕）を創設し、ナチスのホロコーストを念頭に「決して繰り返すな！（"Never Again"）」のスローガンとともに、「反セム主義」に対抗することを訴えていく。

彼は、貧しい、年老いたユダヤ人たちが黒人などの「反セム主義者」の暴力や強盗、ハラスメントを受けていると訴え、ニューヨークのユダヤ人居住区に隣接する黒人地区に若いユダヤ人のメンバーを送り、パトロールさせるなど、その防衛を活動の中心に据えていった。また、米国のユダヤ人たちがホロコーストの過去を知り、確認することを訴え、ニューヨークのユダヤ人に対して、黒人やヒスパニック系によるホロコーストが繰り返される可能性があることを説いた。

JDLは1968年から71年にかけて破壊活動を行い、ニューヨークのアエロフロートの事務所や、ワシントンのソ連の文化施設、ミネソタのソ連のギフトショップなどを襲撃していった。ソ連との緊張緩和の中で、ソ連関連施設を襲撃するJDLの活動に米国政府も警戒を強め、FBIもカハネらの活動を監視するようになり、カハネの活動とその存在は世界的にも知られるようになった。爆弾製造に関わったという容疑で刑務所に収容された後に、米国での活動に困難を感じたカハネは1971年にイスラエルに渡った。イスラエルではカハ（直訳するとヘブライ語で「このように」）党を創設し、イスラエル国内や、1967年の第三次中東戦争でイスラエルが占領した土地からのアラブ人の追放を訴えた。ソ連を攻撃する姿勢が顕著《けんちょ》なカハネは、ソ連で差別抑圧されていたユダヤ人の間で支持者を増やしていった。

カハネはイスラエルの政治・社会をユダヤ法に適合させることによってのみ、国の安全は維持できると考え、また終末論的な見通しにも導かれて救世主の到来が近いと訴えた。さらに、世俗的なシオニズムを批判し、自分がイスラエルにいるのは神に導かれたからだと述べてもいる。彼の主張はアラブ人の追放に集中するようになり、アラブ人の人口増加がある中で、ユダヤ人の民主国家の維持は困難だと主張していた。

1984年7月、カハ党は総選挙で2万6000票を得て、カハネは国会議員になった。カハ党がイスラエル国会に初めて議員を送り込むことが決まった日、カハ党の支持者たちはエルサレム旧市街を行進しながら、パレスチナ（アラブ）人商店の荷台をひっくり返したり、パレスチナ人たちに暴行を加えるなどを行った。カハネは執拗にアラブ人たちの追放を訴えたが、1988年の総選挙を前にしてイスラエル政府は、基本法を変更し、カハ党の活動を念頭に人種主義的な政党の活動を禁じた。

1990年にカハネはニューヨークでエジプト系米国人に射殺されたが、イスラエルで行われた彼の葬儀では暴徒たちにより、「アラブ人に死を!」というスローガンが叫ばれた。

その後、イスラエルでは、2018年にイスラエル国家はユダヤ人のみによって構成されるというユダヤ国家法が成立し、また極右政党が与党第二党になり、ベングビールやスモトリッチなどの閣僚が誕生するなど、カハネが構想していた極右的な社会にイスラエルは変貌を遂げることになった。

極右が支配するイスラエル政治の絶望

2022年11月のイスラエル国会の選挙で躍進したのは、極右のベングビール党首の「ユダヤの力」とスモトリッチ党首の「宗教シオニズム」だった。ベングビールは2023年12月に成立したネタニヤフ政権で警察を管掌する国家治安相に、またスモトリッチはイスラエルの財務、特にイスラエルが占領地のヨルダン川西岸の入植地の拡大に重要な責任を負う財務相を担当するようになり、それがネタニヤフ政権の性格を大きく特徴づけることになった。

ベングビール国家治安相は、1976年5月6日にイスラエルのメヴァセレト・ザイオンの、ミズラヒムのユダヤ人家庭に生まれている。ミズラヒムとは、中東・カフカス（コーカサス）以東に住むユダヤ人を表す言葉だ。彼の母親はイラクのクルディスタン生まれで、10代の時にイギリス委任統治領のパレスチナに移住し、「イルグン・ツヴァイ・レウミ」という地下軍事組織に入り、イギリスの委任統治と戦い、パレスチナにおけるユダヤ人の民族自決権を追求する運動に従事した。

ベングビールの父方の祖父もイラク出身で、父親はエルサレムで誕生している。ミズラヒムのユダヤ人の多くがそうであるように、ベングビールの両親は保守的であり、宗教的儀礼をよく行い、自らを宗教心に富むと考え、選挙では時折左派の労働党に投票を行ったりしていた。ベングビールが生まれた翌年の１９７７年にイスラエルでは独立後初めて右派政党リクード（ヘブライ語で「団結」を意味する）が政権を掌握したが、それはミズラヒムの有権者の顕著な支持によって支えられていた。そのミズラヒムの支持を得て首相になったリクード党首メナヘム・ベギン（１９１３～92年）は、米国のカーター大統領の仲介の下にエジプトとの平和条約を結ぶ一方で、１９６７年の第三次中東戦争で占領した三大一神教の聖地である東エルサレムを１９８０年に併合し、ヨルダン川西岸やガザ地区の土地を接収するようになり、イスラエル国内や占領地で暮らすパレスチナ人に対して強硬な姿勢で臨むようになった。

こうしたベギンの政策はイスラエルの右派には評判がよかったが、パレスチナ人の不満や苛立ちは募《つの》るばかりで、１９８７年にはパレスチナ人たちがイスラエルの占領に対して投石やストライキ、商店閉鎖などで抗議する第一次インティファーダが始まった。パレスチナ人の蜂起は、イスラエル・パレスチナが相互に存在を認めるオスロ合意が１９９３年９月にノルウェーの仲介によって成立するまで継続することになった。

この第一次インティファーダを経験したベングビールはパレスチナ人に対して強硬な世界観をもつようになり、彼は新たに創設されたモレデト（祖国）党に参加する。この政党の綱領の中心は、パレスチナ人をイスラエル、ヨルダン川西岸、ガザ地区から駆逐するというものだった。その後、ベングビールはパレスチナ人をこれらの地域から力ずくでも排除するというカハ党の運動に傾倒していくことになる。

オスロ合意に調印したラビン首相は、１９６７年の第三次中東戦争の時、イスラエル軍の参謀総長を務めるなど、パレスチナ人やアラブ諸国に対してタカ派的姿勢で知られ、パレスチナ人のインティファーダに対しても厳しい姿勢で臨んでいたが、イスラエル国防軍が武力一辺倒ではパレスチナ人のインティファーダを封じることができないと判断すると、パレスチナ人との政治的対話が必要と考えるようになった。１９９２年にラビンは首相に選出されると、翌年、ＰＬＯ（パレスチナ解放機構）とのオスロ合意によってパレスチナ問題の二国家解決を追求するようになる。

しかし、このパレスチナとイスラエルとの対話による和平路線について、譲歩し過ぎだとその路線を否定する勢力がイスラエル・パレスチナ双方に現れるようになった。１９９４年2月25日、ヨルダン川西岸のヘブロンの町にあるマクペラの洞窟で、イスラエル極右の医師、バールーフ・ゴールドシュテイン（１９５６～94年）が銃の乱射事件を起こし、そこで礼拝を行っていた29人のパレスチナ人を射殺した。

ゴールドシュテインは、ベングビールにとって英雄となり、１９９４年のユダヤ教のハロウィンともいうべき仮装する祭り、プーリームでベングビールはゴールドシュテインの格好に扮《ふん》し、ゴールドシュテインが彼にとってヒーローであると公言した。ベングビールはその後も定期的にゴールドシュテインの墓参りを行い、またゴールドシュテインの肖像写真を自宅に飾るなど、彼にとってゴールドシュテインは偶像のような特別な存在だった。

ラビンは和平を進め、１９９５年9月にヨルダン川西岸の6つの町の行政をパレスチナ自治政府に譲渡した。イスラエルの右派・タカ派勢力はこうしたラビンの動きに激しく反発し、ベングビールは、10月11日にテレビ番組に出演し、ラビンのキャデラックから盗んだエンブレムを見せ、このエンブレムと同様にラビンの命も奪うこともできると発言した。その直後の11月4日、ラビンはテルアビブの平和集会に参加した後で、極右の青年イガル・アミール（1970年生まれ）に暗殺された。

ベングビールは、思想が偏り過ぎているという理由で徴兵もされなかった。徴兵を免れると、カハネによって創設された宗教学校ハラアヨン・ハイェフディ（HaRa'ayon HaYehudi：「ユダヤの考え」の意味）に入校している。2000年代はカレッジで法学の勉学を行い、法学の検定試験も受験したが、その際、数十の告発を受けた。これらの告発はいずれも無罪か却下となったが、ベングビールへの告発理由は人種主義を扇動したとか、テロ組織を支持したというものだった。

2008年に法学の学士を取得すると、イスラエル法曹協会は、告発された経歴があることを理由にベングビールの司法試験受験を認めなかった。ベングビールは過去に極左活動家が弁護士資格を得たことを理由に法曹協会の姿勢に異議を唱える一方で、極右代議士のミハエル・ベン＝アリの秘書を務め、極右活動家に対する訴訟の法廷での審議に立ち会うことによって法務への経験を積んでいった。

結局、ベングビールはイスラエルの司法試験に2012年に合格して弁護士資格を得た。

彼は「アラブ人の侵略から防衛する」と称し、「イスラエルへの愛」のために、告発されたイスラエル人に法的支援を与える団体である「ホネヌ」と活動をともにするようになり、２０１５年にヨルダン川西岸のドゥマ村で放火殺人を行ったアミラル・ベン・ウリエルの弁護団の一人となった。

ベン・ウリエルは極右の活動家で、２０１５年7月13日、ヨルダン川西岸北部にあるドゥマ村のダワーブシェ家に火炎弾を投げ込み、１歳のアリーを殺害し、その父親のサーエド（32歳）と母親のリーハーム（27歳）も火傷で重傷を負わせ、２人はしばらくして亡くなった。当時４歳だった長男のアフメドも体の60％以上に火傷を負う重傷だった。

ベン・ウリエルは殺人罪で告発され、２０２０年に有罪判決を受けた。ベン・ウリエルは「反乱（メレド）」という極右組織に属し、「反乱」はカハネの孫であるメイル・エッティンガーが指導者で、イスラエルの民主主義を破壊し、ユダヤの王を戴くユダヤ教の宗教法による支配を目指している。２０２０年9月、ベン・ウリエルは殺人罪で連続3回の終身刑、殺人未遂罪で懲役17年、放火罪で10年の刑を下された。つまり彼の殺人罪は、彼の人生を3回繰り返さなければつぐないができないというもので、基本的に死刑のないイスラエルでは最も重い判決と言ってよいものだ。

２０１２年、ネタニヤフ首相は宗教右派の支持を失って、宗教右派政党が政権を離脱したため、２０１３年１月の総選挙では世俗的右派の「イスラエル我が家」と協力態勢に入った。ネタニヤフ首相の下で、中道政権が成立することを懸念したベン＝アリなど右派政治家たちは「イスラエルの力（オズマ・イスラエル）」を結成し、ベングビールもその被選挙人名簿に入った。しかし、右派の支持層はヨルダン川西岸の大部分の併合を主張するナフタリ・ベネット（１９７２年生まれ）の右派政党「ユダヤ人の家」を支持し、12議席を得る躍進を果たしたため、「イスラエルの力」は選挙で成功することができず、２０２１年３月の総選挙まで国会で議席を得ることがなかった。２０１９年の総選挙で、党首のベン＝アリが極端な政治思想を理由に選挙への出馬を禁じられると、ベングビールが「イスラエルの力」を改称した「ユダヤの力」の党首となった。

２０２２年11月の総選挙で「ユダヤの力」はスモトリッチの「宗教シオニズム」と政党連合「宗教シオニズム」を結成、14議席を獲得し、ネタニヤフ政権の与党第２党となり、政治のキャスティングボートを握ることになった。ベングビールは選挙に向けて従来の過激な姿勢を若干修正し、「アラブに死を！」というスローガンを「テロリストに死を！」に変え、イスラエルのアラブ系市民の追放というスローガンを「テロリストの追放」に変更した。イスラエル国会の総議席数は120議席で、ネタニヤフ政権の連立与党の議席は64議席、「ユダヤの力」や「宗教シオニズム」が連立政権から離脱すると、政権を維持できなくなる。

汚職容疑で裁判が進行中のネタニヤフ首相は、汚職に反発する中道・左派を取り込んだ安定した連立政権を組むことができず、ネタニヤフの裁判よりも、中道・左派の政府の成立を警戒する国家主義的で、宗教色の強い政党に依存することになった。そのため、ベングビールのような極右政治家たちの見解が強く反映される政権ができ上がった。ネタニヤフ政権が成立すると、ベングビールは即座にエルサレムのイスラムの聖地である「神殿の丘」を訪問し、パレスチナ人の宗教感情を逆なでにする行動に出たが、こうした挑発的行動もまた2023年10月7日のハマスによる攻撃の背景の一つの要因になったことは間違いない。

司法改革もベングビールによって推進されたが、国民的な反発があると、ネタニヤフ首相は司法改革の一時棚上げを決定した。これに反発したベングビールは政権から離脱をほのめかしたが、ネタニヤフ首相がベングビールの国家治安相としての権限の下に国家警備隊の創設を提案すると、棚上げに賛成するようになった。権力の一端を担うようになったベングビールは、国家治安相として権力をふるうことに一種の楽しみを見いだしたかのようだった。

エルサレムをめぐって分裂する極右

ベングビール国家治安相は、イスラムの第三の聖地「神殿の丘」で礼拝する権利をあらためて訴え、2024年8月13日に神殿の丘に侵入し、礼拝を行った。

連立政権を構成するユダヤ教超正統派の政党「ユダヤ・トーラ連合」はメシアの到来以前に神殿の丘で礼拝するのは不敬虔《ふけいけん》だと主張し、ベングビールの姿勢に反対を唱えている。また、ユダヤ・トーラ連合は、イスラム第三の聖地で礼拝することは、イスラエルの近隣イスラム諸国との関係や、世界18億人のムスリムとの関係を悪化させると訴え、ネタニヤフ政権からの離脱の可能性も示唆するようになった。超正統派と、ネタニヤフ政権の極右勢力との争点はエルサレム問題だけではなく、徴兵制をめぐっても発生するようになっている。

預言者ムハンマドが隊商の一員としてエルサレムを訪問したのは、イランのササン朝が支配していた時代の619年のことで、そこで神秘的経験をしてアブラハム、モーゼ、キリストなどの預言者に会った。当時、神殿の丘は荒廃しており、ローマ人が70年に神殿を破壊すると、ユダヤ人がエルサレムに住むことを禁止するようになった。ローマ人はコンスタンティヌス帝が4世紀にキリスト教を国教にすると、神殿の丘にキリスト教会を建てたが、イランが614年にエルサレムを占領し、630年まで支配した。

638年にイスラムの第2代カリフのウマル・イブン・アルハッタープはエルサレムを占領し、エルサレムのビザンツ政府を代表するギリシャ正教の大主教ソフロニオスは、降伏を申し出る。ウマルはイスラムの宗教施設を建設し、それが発展して705年にアルアクサー・モスクとして完成する。イスラムは638年から第一次世界大戦中の1917年にイギリス軍がエルサレムに進駐するまでエルサレムを支配した。その間、1099年から1187年までの間と、1243年から44年までキリスト教の十字軍が支配した100年に満たない時期があったが、イスラムはおよそ1200年にわたってエルサレムを支配し、その間、少なからぬキリスト教徒やユダヤ人（教徒）もイスラムに改宗していった。

ユダヤ人がエルサレムを支配していたのは、400年余りと少ないが、それでもイスラエルの極右勢力はエルサレムをユダヤ人が支配していくものと主張している。ユダヤ教の教えでは「神殿の丘」は神聖な場所で、ユダヤ人はそこで礼拝をして聖なる地を汚してはならないことになっている。

しかし、極右のベングビール国家治安相は「神殿の丘」で礼拝することを主張する。「神殿の丘」にはユダヤの二つの神殿があったと信じられている。ユダヤ人が礼拝を許されているのは、神殿の丘の西側の「嘆きの壁」だが、これは70年にローマ帝国によって破壊された

第二神殿の一部だ。ユダヤ人国家のユダ王国が支配していた前586年に新バビロニアのネブカドネザル王によって第一神殿は破壊され、王族を中心に人々はバビロニアに連行された（「バビロン捕囚」）。しかしその過程で、国家の滅亡は軍事力が弱かったからではなく、自らの信仰の問題と考えられるようになり、ユダヤ人は強い信仰心をもつようになったと見なされていく。（https://turkish.jp/blog/%E3%83%A6%E3%83%80%E3%83%A4%E4%BA%BA）

ユダヤ教の伝承では、イスラエル人の3つの罪によって、第一神殿は破壊されたと考えられている。そのうちの一つは「流血」だが、旧約聖書の申命記《しんめいき》5章17節には「殺してはならない」と書かれてある。オスマン帝国時代の1757年にイスラム教徒以外の礼拝が禁じられ、また1921年にエルサレムのラビ機関もユダヤ人が「神殿の丘」に登ることを禁じた。

ベングビール国家治安相などイスラエルの極右勢力が「神殿の丘」で礼拝を望むのは、シオニズムに影響された「国家主義ユダヤ教」とも言うべき独自の解釈にほかならない。ユダヤ教の伝承によれば、ユダヤ人による流血（＝殺人）はソロモン王によって建てられた神殿の破壊だけでなく、バビロニアへの連行にもつながったとされている。

ベングビール国家治安相は、ユダヤ人が「神殿の丘」で礼拝できないのは、ユダヤ人に対する人種主義や差別によるものと訴えている。彼の主張や考えはネタニヤフ政権の閣僚からも非難されるようになった。２０２４年7月、ガラント国防相はベングビールを新しい戦時内閣に含めるべきではないと発言し、ベングビールを「中東の放火魔」と形容した。超正統派政党「シャス」のモシェ・アルベル内相は、ベングビールの姿勢を「冒涜」と表現し、「神殿の丘でのユダヤ人の祈りの禁止は、イスラエルの民のすべての偉人が主張する立場だ」と述べた。「神殿の丘」での礼拝をめぐってもイスラエル政府は統一した立場をとれておらず、極右による「神殿の丘」での礼拝は、将来にわたってイスラエル政治が分裂し、不安定化する要因になると思われる。

経済を知らない財務大臣

極右のスモトリッチ財務相の関心の中心は、イスラエル経済ではなく、その極右思想をイスラエル政治の中で推進することにある。スモトリッチ財務相は、イスラエル財務省の高官たちとも会合をもつことがなく、彼が政府支出として優先的に認めるのは政治的性格が強く、彼の極右イデオロギーを推進することに役立つものばかりだ。スモトリッチ財務相は経済の生産性を低下させ、サービスを提供することのない公共部門をつくり、労働しない超正統派イスラエル人を優遇して、インフラを改善することなく、また生活費の高騰を招いた。

彼がが財務大臣となり、ガザでの戦争が始まると、イスラエルの輸入業者や生産者は価格をつり上げるようになり、政府は地方の固定資産税を上げ、水道代や電気代を引き上げた。トルコは2024年5月にイスラエルとの貿易を禁止する措置をとったが、これもフーシ派のイスラエル関連船舶への攻撃とともに、イスラエルの物価上昇の要因となっている。

スモトリッチ財務相が特に関心があるのは、ヨルダン川西岸におけるイスラエル人入植地の拡大と、政府が認可しなかった入植地を合法化することだ。スモトリッチ財務相の前任者であるアヴィグドール・リーベルマン財務相時代、イスラエルの経済成長率は6・5%だったが、スモトリッチ財務相になると、1%に落ち込んだ。宗教的シオニズム、超正統派、入植者には多額の予算を与えるようになり、ネタニヤフ首相の司法改革を支持し、無駄の少ない倹約的な政府の代わりに不要な大臣や省庁をもつ内閣をつくるのに貢献した。それはあたかも日本の行政改革で省庁の統合を図り、無駄の削減を図ったことと真逆な方針だった。こうしたスモトリッチ財務相の姿勢がイスラエルへの投資を鈍らせ、イスラエルのハイテク分野に打撃を与え、イスラエルのソブリン格付け（国債の信用力を示す指標で、国家の経済的信用性の高さなどの指標の一つとなっている）を引き下げさせた。

米国の格付け会社ムーディーズは2024年2月、イスラエルのソブリン債の信用格付けを「Ａ１」から「Ａ２」に引き下げたが、これはムーディーズが１９９５年からイスラエルの格付けを行ってから初めてのことだった。ムーディーズは引き下げた要因を「進行中のハマスとの軍事衝突、その余波、より広範な影響が、イスラエルの政治的リスクを著しく高め、行政・立法機関と財政力を当面弱体化させる」と説明している。２０２４年度の財政赤字をスモトリッチ財務相はGDP比で６・８％と予測したが、それよりも悪化することが予想されている。イスラエルの株式市場も２０２３年10月に戦争が始まって以来、ほとんど上昇することはなかった。ムーディーズは２０２４年９月27日、イスラエルの格付けを「Ａ２」からさらに二段階低い「Ｂａａ１」に引き下げ、「地政学的リスクの上昇」次第で評価はいっそう下がると警告した。

ガザでの戦争はイスラエル経済に悪影響を与えているが、経済に疎い財務相はそれを国民に伝えていない。イスラエルの内閣は連立により組閣され、数合わせによって与党を形成するために、スモトリッチ財務相のような実務に疎い極右や宗教政党の指導者たちが内閣を構成することになり、それもイスラエル国家制度の非効率化と弱体化をもたらしている。

２０２４年10月10日、イスラエル軍のレバノン侵攻の直後に、スモトリッチ財務相はエルサレムがシリアのダマスカスまで広がるという予言がユダヤ教にあったと述べた。イスラエルはヨルダン川の東、ヨルダンにまで広がり、エジプト、シリア、レバノン、サウジアラビア、イラクの一部をも領有することになるだろうと彼は語った。軍事力で他国の領土を奪うことは国連憲章でも禁じられているが、ネタニヤフ政権の主要閣僚であるスモトリッチ財務相が侵略を平然と述べる背景にはイスラエルの政治・社会が極右のイデオロギーに乗っ取られ、それが「常識化」していることを示している。

兵士の蛮行を支持する極右勢力

2024年7月29日、イスラエルの軍警察は、イスラエル南部ベエルシェバ近くにあるスデ・テイマン拘置所で、集団レイプと性的拷問の疑いでイスラエル兵9人を拘留した。拘留された兵士たちは「フォース100」部隊に所属し、拘置所の看守として派遣されていた。彼らが拘留されたのは、パレスチナ人の収容者がスデ・テイマン拘置所からイスラエル南部のベエルシェバのソトカ医療センターに移送された際、体の痕跡から兵士たちによる収容者たちへの虐待が発覚したからだ。

逮捕されそうになったスデ・テイマン拘置所の兵士たちは軍警察に抵抗。乱闘になったが、最終的には軍警察が兵士たちを拘束した。逮捕・拘留された兵士たちを解放しようと、リクードや「宗教シオニズム」「ユダヤの力」などのイスラエルの極右勢力が国会議員を含めて軍警察の施設に押し入ろうとし、拷問への支持を表明。拘束されているパレスチナ人たちの即時処刑を求めた。極右勢力の軍警察への抗議によって、イスラエルでは軍に関する考えまで分裂していることが明らかになった。

軍警察によって逮捕された兵士たちは、集団レイプの疑いで拘留され、一人は脱走し、収監を免れた。イスラエル軍ラジオによれば、虐待を受けたパレスチナ人収容者たちは、ガザ地区で逮捕され、「違法戦闘員」と認定され、スデ・テイマン拘置所に拘留されていた。スデ・テイマン拘置所では、電気ショック、大音量で音楽を聞かせること、劣悪な医療環境で、麻酔もなしに手術されることもあった。あるイスラエルのリクード議員は男性の肛門に棒も突っ込んでよいかと尋ねられると、その男がテロリストであるならばよいと回答した。このようにイスラエル極右の議員には性的暴行をも肯定する者たちもいる。

ベングビール国家治安相は、軍警察や軍検事を非難し、国防相、参謀総長、軍当局は逮捕された9人を支援しなければならないと述べ、また「テロリスト」（パレスチナ人収容者）に対する寛容な扱いは終わり、兵士たちの「テロリスト」に対する過酷な扱いを全面的に支持しなければならないと発言した。

2023年10月にイスラエルのガザ戦争が始まって以来、スデ・テイマン拘置所はパレスチナ人収容者の拘留所として機能しており、「彼らは常に手錠と足錠をかけられ、目隠しをされるなど、非人道的な状況で拘留されている」という指摘がされてきた。収容者たちは、長期の懲役刑を受けるか釈放されるかが決まるまで拘留される。ガザで捕らえられた男性の多くは、市民なのか、ハマスなど武装組織の戦闘員かがわからないままに拘留されている。スデ・テイマン拘置所から釈放されたパレスチナ人たちは収容者全員がひどい拷問の被害を受けていると訴えている。

この事件でもイスラエル軍の規律が緩んでいることが露呈し、またパレスチナ人収容者たちに対する集団レイプなどの性的虐待を肯定するイスラエル極右勢力の主張は、彼らが人権意識にいかに乏しいかを表すものだった。他方で、軍警察には収容者に対する虐待行為を肯定しない良識があるが、パレスチナ政治犯や捕虜に対する扱いでもイスラエル社会は大きく二分されるようになり、ここでもシオニズム国家の矛盾や行き詰まりが顕在化している。

イスラエルを離れるユダヤ人たち

イスラエル国家はパレスチナにユダヤ人が集まってユダヤ人の国をつくるという考えと、

その実践であるシオニズム思想に基づいてつくられた国家だった。しかし、２０２３年10月7日のハマスの奇襲攻撃以来、イスラエル中央統計局によれば、イスラエルを恒久的に離れるユダヤ人たちは２８５％増加したというデータが出た。

10月7日から2カ月後に発表されたデータでは50万人のイスラエル人が国外に流出し、他方でイスラエルに移住するユダヤ人は激減している。２０２４年3月にエルサレム・ヘブライ大学が行った調査では国外在住のイスラエル人の80％が帰国する意思をもたないことが明らかになった。

中央統計局のデータでは、イスラエル国外にセカンドハウスをもち、イスラエル以外のパスポートをもつイスラエル人は安全と安定を求めて国外定住を考えるようになっている。イスラエルが世界のユダヤ人にとって安住の地であるという従来のシオニズムの主張は覆るようになり、パレスチナにユダヤ人が向かうというシオニズムとは真逆のベクトルが働き、シオニズムの大前提が崩れている。

イスラエル政府は国民の国外への流出や移住が国家の存立にとって脅威であることをよく認識しており、国の安全保障のために、住宅、職業、財政援助を通じてユダヤ人をイスラエルに集めてきた。国民の支持が政府から離反しないように、ガザ戦争で戦費が嵩《かさ》むようになっても、その戦費を増税という措置でまかなうことを避けるようにしている。

ユダヤ人の流出によって、イスラエル国内のアラブ人やヨルダン川西岸・ガザのパレスチナ・アラブ人との人口比が逆転してしまうのではないかという恐懼《きょうく》がイスラエル政府の指導者たちにはある。様々な誘惑的措置によってユダヤ人たちをイスラエルに集めようとはしているものの、イスラエルの総人口は東京都の人口よりも少なく、1000万人にも満たない。イスラエルから流出していったユダヤ人たちが現在のイスラエル社会について語ることも、それが否定的なものであれば、今後のイスラエルへの移住に影響を及ぼすことだろう。

ガザでの戦争が終わっても、イスラエルがハマスやレバノンのヒズボラなど周辺に脅威を抱え続けることは確かで、周囲を敵に囲まれた環境の国に魅力を感じるユダヤ人は決して多くないだろう。イスラエルでよほどの生活の改善が約束されない限り、イスラエルへの移住を決意することは容易でない。イスラエルでは男女ともに兵役があり、また兵役が終わっても予備役としての召集もある。イスラエル政府はユダヤ人移民を呼び込むために、2024年9月から新たな移民に対して、評価額が200万シェケル（54万6142ドル）未満の住宅からは税金を徴収しないと発表した。

2024年7月16日に発表されたユダヤ人政策研究所（The Jewish People Policy Institute：

JPPI）の世論調査では、イスラエルの４人に１人のユダヤ人が、他方イスラエルに住む10人に４人のアラブ人がイスラエル国外に移住したいと考えていることが明らかになった。ユダヤ人の中で出国を希望するのは、中道から左派の人々がほとんどで、その内訳は中道が33％、左派が36％、宗教的右派はわずかに４％となっている。イスラエルが今後も右傾化が顕著になるというイスラエルの政治・社会の現在の傾向や将来の姿を反映しているのだろう。イスラエルの将来について悲観的と答えた人は51％で、楽観的の47％を上回ったが、楽観的と答えているのは右派の人々に多い。

イスラエルは建国以来、国民が国を離れることを非難してきた。イスラエルから出国することをヘブライ語では「ヨルディィム」というが、それはヘブライ語で「下ること」を意味し、それに対してイスラエルに移住することを「アリヤー」と言って「上ること」を意味する。この表現からもイスラエルが、アリヤーを重視してきたことがわかる。イスラエルでは近年高賃金の医療、ハイテク、学術関連の仕事を求めて出国する人も多く、国外移住を語ることも、さほど不名誉なことではなくなった。特に２０２３年10月７日のハマスの奇襲攻撃以来、イスラエルの安全について不安に思う人も増え、またネタニヤフ首相が主張する司法改革などに反発し、国外移住への関心が高まっている。近年アリヤーの数も減少し、アリヤーは２

022年の7万6616人から2023年は4万5533人と大幅に減少した。イスラエル建国から4分の3世紀を経て、シオニズムは重大な綻びを見せるようになっている。

また、イスラエルでは、ハマスの奇襲攻撃以前にもネタニヤフ首相の司法改革に幻滅した国民が2023年6月から9月にかけてイスラエルを離れ、その数は前年同期に比べると、51%の増加となった。国外に流出するユダヤ人の多さは、アラブ人の人口増加に危機感をもつイスラエルの政治指導者たちの懸念材料となっている。

イスラエルで黒い服装をする超正統派（ハレディム）は通常7人前後の子どもをもつが、間もなくイスラエルのユダヤ人人口の6人に1人が超正統派になろうとしている。超正統派は男女の役割を厳格に峻別し、超正統派の政党には女性の議員がいない。前にも述べたが、その独自の教育システムでは男子に数学、科学、英語を教えることを禁じ、生涯にわたって宗教教育を義務づけるが、その宗教教育の運営資金を国家にあおぐ。超正統派は男子の半分が職をもつだけで、多くが宗教活動だけで暮らして政府からの補助金で生活している。超正統派は子どもの数に応じた額の補助金を政府から得て、また兵役を拒否する。

しかし、超正統派にも兵役義務を課す最高裁判決が2024年6月に出て、これに反発する超正統派の大規模なデモが行われるようになった。ネタニヤフ政権では超正統派の二つの政党と連立し、内閣を構成していて、徴兵制を進めれば、超正統派の政党が連立から離脱してネタニヤフ政権は崩壊の危機を迎えることになる。超正統派はネタニヤフ政権だけでなく、小党が分立する傾向にあるイスラエル政治においてキャスティングボートを握っているので、イスラエル政治そのものが今後混乱していくことが考えられる。２０６０年までに超正統派の人口はイスラエル・ユダヤ人の中で最大多数となることが見込まれており、超正統派の人口増加はイスラエル財政を逼迫《ひっぱく》させ、イスラエルの産業発展の足かせになる可能性もある。世俗的なイスラエル・ユダヤ人と宗教的なユダヤ人の対立が激しくなり、イスラエルは今後ますます分裂状態に陥ることを予想させる。

ネタニヤフ首相やイスラエルの極右勢力はパレスチナ問題の「二国家解決」、つまりイスラエルによる全面的な支配を目指しているが、他方でこれには重大なリスクが伴うことに、彼らは気づいていない。現在のイスラエルと、ヨルダン川西岸、そしてガザを合わせた人口は１５００万人ぐらいになるが、アラブ人のほうが多数だ。もし、多数のアラブ人を内包する国家となれば、裕福で、西洋的な生活に執着するユダヤ人たちはイスラエルを離れ、その国家においてはアラブ人がいっそうの多数派となって、「パレスチナ」という国になり、ユダヤ人人口を呑み込んでしまうかもしれない。

イスラエルの一国支配の下、少数派のユダヤ人が、多数派のアラブ人やパレスチナ人を差別的に扱うことは、かつてのアパルトヘイト体制下の南アフリカのように、世界中から強い非難を浴びることになる。少数派の白人が多数派の非白人を隔離し差別した南アフリカのアパルトヘイト体制は、国際的な非難によって孤立して、崩壊を余儀なくされた。国民の流出と、イスラエルへの移住の減少はイスラエル国家生存の根幹にも関わる問題で、シオニズム思想の欠陥や破綻を示すものでもある。

イスラエルが生存を望むのであれば、パレスチナとの二国家共存のほうが理にかなっている。ヨルダン川西岸に不当に居住するイスラエル人入植者の8割は第三次中東戦争でできた境界の近くに住んでいて、彼らの移住は移動の距離という点ではさほど困難なものではない。超正統派に関する負担を減じるには、彼らの宗教活動への補助金、子どもたちへの助成の減額、また徴兵制を課すなどの措置が必要だが、イスラエルが右派政権である限りこれらの改革は困難だ。繰り返すが超正統派の間では徴兵制に対する激しい反発があり、その若者の間では「徴兵されるなら死んだほうがまし」という声も聞かれるほどだ。

「シオニズムは偽りの偶像である」

カナダの著名なジャーナリストで、作家のナオミ・クラインはユダヤ人の家庭的背景をもつが、「ガーディアン」に「我々はシオニズムからの脱出を必要とする（We need an exodus from Zionism）」というオピニオン記事を書いた（2024年4月24日付）。

その中で「シオニズムは虚偽の偶像であり、正義と奴隷からの解放（過ぎ越し）という我々の最も深遠な旧約聖書の物語を植民地主義的な土地の窃盗、民族浄化とジェノサイドへのロードマップに変えた」と述べている。

彼女によれば、ネタニヤフ首相のリクード（ネタニヤフ首相の政党）型のシオニズムは、人種主義的で、ジェノサイドをも平然と行う極右の「宗教シオニズム」や「ユダヤの力」と同盟し、多くの進歩的、左派の活動家にとって忌まわしいイスラエルのイメージをもたらし、右派であろうと、左派であろうと、あまり知識のない人々にはユダヤ教と、無慈悲な超国家主義（極右的シオニズム）との混同をもたらし、反セム主義に火を点けるようになっている。

つまり、現在イスラエルがガザで行っているジェノサイドがユダヤ教のイメージにすらなっていると、クラインは警鐘を鳴らしている。

クラインはユダヤ人がシオニズムと「離婚」する時が来たと述べ、ネタニヤフ首相はパレスチナ人にとってはユダヤ人を奴隷にしたエジプトのファラオ（古代エジプトの王）のようになり、パレスチナの子どもたちを人間としてではなく、人口動態上の脅威としか見ていないと批判した。それは「出エジプト記」に登場するファラオがイスラエル人の人口増加を恐れ、イスラエル人の殺害を命じたことと同様だとクラインは述べている。ネタニヤフ首相のシオニズムはユダヤ人を不道徳な道に引きずり込み、「汝、殺すなかれ、盗むなかれ、むさぼるなかれ」というユダヤ教の核心的な戒めを破ることを正当化している。

シオニズムは偽りの偶像であり、ユダヤ教の自由を、パレスチナ人の子どもを殺害し、孤児にするクラスター爆弾と同等なものとしてしまったとクラインは語る。シオニズムはあらゆるユダヤ教の価値観を裏切り、ガザのすべての大学に爆弾を落とすこと、多数の学校の破壊、学者、ジャーナリスト、詩人の殺害、貴重な文書の抹殺を正当化している。これらはナチスが図書館やシナゴーグを焼き打ちしたことと同等の行為だとクラインは主張する。

ユダヤ教の神ヤハウェは正しい裁きを行うことによって、虐げられている人、貧しい人、やもめ、孤児など弱者を救済するとされる。「アラブに死を！」「アラブの村を焼け！」「第2のナクバ（1948年のイスラエル独立をめぐる中東戦争で多数の犠牲者、難民が出たパレスチナ人の大災厄）が起きるように！」などのイスラエル極右のスローガン、あるいはガザ攻撃を継続するネタニヤフ首相などのイスラエルのタカ派の考えや行動はこうした旧約聖書の教えと相容れないもので、ユダヤ教のヒューマニズムとは対極にあるものだ。

ユダヤ人の科学者アルベルト・アインシュタインのヒューマニズムもユダヤ教の文化を背景にするものだった。アインシュタインは、ナショナリズムを「乳児的」なものとして嫌い、生まれ育ったドイツがナショナリズムの熱狂から第一次世界大戦に参加することに反対した。シオニズムはアインシュタインが嫌った乳児的な発想であり、ユダヤ人たちはユダヤ教への誤解を招かないためにも、クラインが言うように、シオニズムと決別すべき時が来ている。

パリ・オリンピックでも孤立が顕著となったイスラエル

2024年8月1日、柔道男子100キロ級で、イスラエルのペテル・パルチク選手が銅メダル、女子78キロ級で、やはりイスラエルのインバル・ラニルが銀メダルを獲得した。会場ではイスラエル国旗が振られ、イスラエル人たちが歓喜に沸いていた。パルチクは「オリンピックの価値を尊重している。最も大切なのは平和だ」と述べたが、パルチク選手の言葉とは裏腹にイスラエルはオリンピック期間中の7月30日にレバノンのシーア派組織ヒズボラの作戦本部トップのファド・シュクル司令官を殺害し、31日にイランの首都テヘランでハマスのイスマイル・ハニヤ（イスマーイール・ハニーヤ、1962年生まれ）最高指導者を暗殺した。パルチク選手が言うようにイスラエルがオリンピックの価値を尊重し、平和を大切にしているとはとても思えなかった。

また、パルチク選手自身もパリ・オリンピックの開会式でイスラエル選手団の旗手を務めたが、ガザに落とされる爆弾に自らサインしている。パルチク選手はウクライナ生まれの入植者で、イスラエルの爆弾の写真とともに、ハマスを意識して「私から喜んで（爆弾を）贈ります」とXに書き込んだ。

オリンピックでイスラエルがメダルを獲得する主要な競技である柔道（パリ・オリンピックでイスラエルが獲得した総メダル7個のうち、3個が柔道）では、イスラム諸国の柔道家たちからイスラエル選手を拒絶する動きが見られた。タジキスタンのヌラリ・エモマリ選手とモロッコのアブデルラーマン・ブーシタ選手という2人のムスリム柔道家がイスラエルのバルチ・シュマイロフ選手との握手を拒否し、またアルジェリアのメサウード・ドリース選手は試合前に計量を行わなかったが、これはシュマイロフ選手との試合を避けるための行動だったという見方もある。130年の長きにわたってフランスの植民地支配の下に置かれたアルジェリアには、イスラエルの植民地支配に苦しむパレスチナに対する強い同情や共感がある。

国際柔道連盟（ＩＪＦ）はプーチン大統領をＩＪＦの名誉会長などすべての役職から解任したが、イスラエル柔道界に対する処分は目下のところ聞かれない。

パレスチナ・ガザ地区のナガム・アブー・サムラはガザの空手チャンピオンで、パリ・オリンピックに空手競技が採用されていたら、出場する可能性もあった。イスラエル軍に完全に破壊されたガザのアル・アクサー大学で体育学の学士と修士号を取得し、ガザの子どもたちに空手で希望をもってもらえるようにと指導を行っていた。しかし、２０２３年12月17日にイスラエルの攻撃を受け、一緒にいた妹は死亡、彼女も片脚を失う重傷を負ったが、国外渡航許可が下りるまでに時間がかかったために、彼女がエジプトの病院に搬送された時はすでに遅く、彼女は帰らぬ人となった。享年24だった。

イスラエルによるガザ攻撃によって４００人のアスリートが命を落とすなど多数の死者を出し、また、イスラエルの攻撃によってほとんどのスポーツ施設が破壊されたことを受けて、パレスチナ・オリンピック委員会は国際オリンピック委員会（ＩＯＣ）にイスラエルの参加を認めないように要望書を出したが、聞き入れられることはなかった。ロシアやベラルーシの選手は国を代表してオリンピックに参加することを禁じられているが、イスラエルにも同様の措置を課すべきという声はパレスチナ以外からも少なからず聞かれた。

イスラエルのガザ攻撃によって犠牲になるパレスチナのアスリートは後を絶たない。1996年のアトランタ・オリンピックのパレスチナ選手団の旗手を務め、1万メートル走に参加したマジド・アブー・マラヒール（享年61）はイスラエルの攻撃で負傷し、2024年6月に医療設備や医薬品の不備のために亡くなった。同年1月にはサッカー・パレスチナのナショナルチームのコーチだったハーニー・モサデルがイスラエルの空爆の犠牲になった。同年3月にはやはり「ハーンユーニス（ガザの地名）の伝説」と呼ばれたサッカー・パレスチナ代表でも活躍した名FWのムハンマド・バラカトが、彼を標的にした空爆で亡くなった。

選手が爆弾にサインし、またパレスチナのアスリートを殺害し、さらにレバノンやシリアなど他国の主権を無視して軍事介入を行うイスラエルのオリンピックへの参加は疑問の余地が大いにあるものだった。国際サッカー連盟（FIFA）もロシアのワールドカップやヨーロッパでの対外試合への参加を禁止しているが、イスラエルのオリンピックなどスポーツの国際イベントへの参加については国際社会でも少なからぬ反対意見が表明され、スポーツ分野でもイスラエルの孤立は際立つようになっている。

極右が支配するイスラエルは民主主義国家ではない

２０１４年5月に東京でイスラエルのネタニヤフ首相と会談した岸田文雄外相（当時）は、「17年ぶりとなる今次訪日では、日・イスラエル関係の大きなダイナミズムを感じたと述べ、先進技術、民主主義等の共通価値、更には世界の安定と平和に向けた決意等、両国には多くの共通点を有することから、自然なパートナーである、将来的な協力を推進していきたい」（外務省のページより）と述べた。しかし、それから2カ月もしないうちに、イスラエルはガザへの大規模な攻撃を行い、２０００人以上のガザ住民を殺害している。先進技術はともかくイスラエルが民主主義や平和の価値観をもっていることも極めてあやしい。イスラエルでは人口の20％を占めるアラブ系の住民には兵役を課されることもなく、住宅、雇用、教育などの面で様々な差別の下に置かれる。平和の価値観に乏しいことは、ガザでの戦争、イランなど他国における暗殺、レバノンのヒズボラなどの戦争を見れば明らかだ。

２０１４年のガザでの戦闘が終わった直後に、テレビなどで活躍する三浦瑠璃氏は「文春オンライン」で「日本に平和のための徴兵制を　―豊かな民主国家を好戦的にしないために、徴兵制を提案する」という記事を書いた（２０１４年9月2日付）。記事の中で「民主主義の成熟度が高いイスラエルでは、予備役兵が数々の平和運動を創始してきた。彼らは醜い戦場の現実を知り、戦時には動員されるためコスト感覚も鋭敏であり、不合理な戦争に対しては市民に先んじて抑制主義に転じる。戦時には、政府が残酷かつ無意味な軍事作戦をしていないか目を光らせる存在でもある」と三浦氏は述べている。

しかし、２０２３年10月７日に始まるイスラエルのガザ戦争で予備役兵が戦争を抑制する側に立ち、停戦のための工作をしたようなことはなかった。

さらに、司法改革の立案者であるヤリブ・レビン法務大臣が率いる同省は、国内の反戦抗議活動の取り締まりも始めた。ネタニヤフ首相は国内政治の性格に関心を寄せるよりも、いかに長期的に彼の政権を維持するかが最大の関心事になっているため、極右的な政策を野放図にしている。そしてネタニヤフ首相の政権与党であるリクードの議員たちの最大の関心事もいかにネタニヤフ氏に取り入り、気に入られるかになっていて、反対することもない。

２０２４年8月12日、ヤイル・ゴラン・イスラエル軍元参謀長は、イスラエルはもはや民主国家ではないという考えを「ガーディアン」のインタビューで明らかにした。多くの右翼有権者たちは、数百万人のパレスチナ人が住む土地を併合し、パレスチナ人との和解よりも彼らへの復讐を考えているとゴランは主張し、特に２０２３年10月７日以降、ヨルダン川西岸の入植地などで台頭したイスラエルの武装勢力に、民主主義の終わりを予感していると危《き》惧《ぐ》している。

孤立するイスラエル

２０２４年8月10日、イスラエルのガザ地区への空爆で１００人以上が犠牲になると、国連安保理は緊急会合を開き、イスラエルを非難する発言が相次ぎ、ガザの停戦を求める声がいっそう強まった。会合を要請した中国やアルジェリアはイスラエルを強く非難し、またイスラエルを支援してきた米国も停戦と、ハマスによる人質解放を求めた。

ガザ戦争が進行中の２０２４年5月、国連総会がパレスチナの国連加盟を認め、それを安保理が再検討することを求める決議を成立させると、イスラエルのギラド・エルダン国連大使は、壇上で国連憲章をシュレッダーで裁断するパフォーマンスを行って見せたが、決議は１４３カ国の圧倒的多数で可決され、反対はイスラエル、米国など9カ国にとどまった。９カ国の中にはミクロネシアの国々が含まれるが、マーシャル諸島やパラオなどミクロネシアの国々が国連の投票行動でイスラエルを常に支持するのは、イスラエルがこれらの国々に農業、技術、医療などの支援を行っているからだ。エルダン国連大使はテロリスト国家を国連に迎えるのか、恥を知れと怒って見せたが、ここでもイスラエルの孤立は明白だった。

イスラエルが中東地域内で円滑に共存できないのは、やはり入植地を拡大するなどその植民地主義的性格によるところが大きく、アラブ諸国はイスラエルが国際法を破ることにぬぐい切れないほどの不信感をもっている。また、トルコのエルドアン大統領は、イスラエルのガザ戦争について厳しい姿勢を見せ、2024年7月30日にもイスラエルのガザ攻撃はまるでテロリスト国家のふるまいだと発言した。エルドアン大統領は、イスラエルは、この地域(中東)で侵略、虐殺、土地の占領で安全保障を考える唯一の国だとも述べた。エルドアン大統領は、トルコがリビアやアゼルバイジャンに行ったように、イスラエルに対して軍事介入する可能性にも言及し、我々の同胞を無力の下に置いておくわけにはいかないとも述べた。

エルドアン大統領は、ガザは世界最大の死のキャンプになったと語り、イスラエルはパレスチナやレバノンだけでなく、全人類にとって脅威であると述べ、イスラエルの虐殺を直ちに止めさせなければならないと訴えた。これに対してイスラエルのカッツ外相は、エルドアン大統領は、2006年に処刑されたイラクのサダム・フセイン元大統領のような運命をたどるであろうと語っている。

トルコ外務省は7月30日に、Xにイスラエルのネタニヤフ首相をアドルフ・ヒトラーに例えて、「大量虐殺のヒトラーが終わったのと同じように、大量虐殺のネタニヤフも終わるだろう。大量虐殺を行ったナチスが責任を問われたのと同じように、パレスチナを破壊しようとする者たちも責任を問われることになるだろう」と書き込んだ。

イスラエルの占領政策はとどまるところがなく、入植地は拡大の一途をたどり、各入植地をイスラエル人専用の道路で結ぶようになり、パレスチナ人との接触を避けるようになっている。入植地拡大の傾向は極右政党が政権に入ることによっていっそう強まっている。

２０２４年８月14日、イスラエルのスモトリッチ財務相は、ヨルダン川西岸での新たな入植地建設計画を発表し、これがパレスチナ国家を承認する「危険な考え」との闘争の一環であるという考えを明らかにした。イスラエルは、２０２４年５月にヨーロッパのスペイン、ノルウェー、アイルランドがパレスチナ国家を承認したことに強く反発し、ヨーロッパ諸国があっという間にパレスチナ国家承認で一致することを強く懸念していた。イスラエル政府はその2カ月前の6月にも、無認可のままに進められていた5つの入植拠点を合法化したことを明らかにしたが、極右の政治家たちはヨルダン川西岸と旧約聖書の結びつきを強調し、イスラエルの古代史を根拠に入植地拡大を合法化している。古代史を根拠に領土の主張を行うならば、国際秩序が混乱することはいうまでもない。かつてフランス帝国主義やイタリア・ファシズムはローマ帝国の復活を唱え、フランスはアルジェリアの、イタリアはリビアの植民地獲得を正当化したことがあったが、古代史を根拠にする領土獲得が否定されたことは第二次世界大戦後にこれらの国が独立を果たしたことからも明らかだ。アルジェリアは1954年から8年間の独立戦争を経て、1962年に独立を達成し、リビアは第二次世界大戦でイタリアが敗北すると、英仏の共同統治の下に置かれたが、国連決議によって1951年に独立を実現している。

ガザ攻撃を「テロリズム」と形容するローマ教皇フランシスコ

ローマ教皇フランシスコは、2023年10月にイスラエルによるガザ攻撃が始まると、サンピエトロ大聖堂のバルコニーから集まった信者を前にガザ戦争に反対する考えを明らかにしてきた。

たとえば2023年12月17日の礼拝の中で教皇は、「私はガザから非常に深刻で痛ましいニュースを受け取り続けています。非武装の民間人が爆撃や銃撃にさらされています。そしてこれはガザの聖家族の小教区施設内でも起こりました。

そこにはテロリストは存在せず、家族、子ども、病人、障害者、修道女がいました。母のナーヒダ・ハリール・アントン夫人と娘のサマル・カマル・アントンは、トイレに行っていたところ、イスラエル国防軍の狙撃兵によって殺害され、ほかの人々も負傷しました。マザー・テレサ修道女会の修道院は被害を受け、発電機も攻撃を受けました。『これはテロだ、戦争だ』と言う人もいます。そうです、これは戦争であり、テロです。聖書には『神は戦争をやめさせ、弓も折り、槍も折る』と書かれてあります。平和を求めて主に祈りましょう」と呼びかけている。

ローマ教皇フランシスコは、常々平和を求め、宗教間の対話を提案してきた。彼は、２０１５年９月米議会で演説してサウジアラビアに武器売却を行う米国の軍需産業を念頭に、「対話と平和のために働くことは、世界中の武力紛争を鎮《しず》め、最終的に終わらせるために真に尽くすことでもあります。ここでわたしたちは、自らに問わなければなりません。個人や社会に計り知れないほどの苦しみを与えることを計画している人々に、なぜ凶悪な武器を売り続けているのでしょうか。残念ながら、皆さんもご存じのように、単にお金をもうけるためです。血にまみれたお金です。多くの場合、その血は無実の血です。この恥ずべき、そして非難に値する沈黙の中でこの問題に立ち向かい、武器売買を止めさせることは、わたしたちの責務です」と語った。(https://www.cbcj.catholic.jp/2015/09/24/8817/)

教皇が指摘した武器の供与は、イスラエルでも起こっている。

ガザ攻撃でガザ住民の犠牲者が4万人以上に達したというのに、米国は武器・弾薬をイスラエルに供与し続けており、2024年8月13日には、米国政府は、200億ドル（3兆円近く）の武器売却を承認した。この中には約190億ドル相当のF－15戦闘機と装備品、7億7400万ドルの戦車の砲弾、6000万ドル以上の迫撃砲弾、5億8300万ドル相当の軍用車両が含まれる。これらの兵器がパレスチナ人を殺傷する武器や弾薬になることは明らかだ。2024年4月15日付のBBCの記事は、米国のバイデン政権が2023年10月7日のガザ戦争勃発以来、イスラエルに100件以上の軍事売却をひそかに行ったと報じている。そのほとんどは、議会に正式に通知しなければならない金額を下回っているが、売却された武器には、精密誘導兵器、小口径爆弾、バンカーバスター（地中貫通爆弾）、小火器など数千点が含まれると見られている。米最大の軍需企業のロッキード・マーティンは2023年、議会へのロビー活動に1400万ドル以上を費やした。議員への献金は、米政府がこれらの軍需企業から武器・弾薬を購入させるための重要な手段となっている。自らの選挙区において軍需産業に依存する上院・下院の議員たち、また国防総省と軍隊、さらに民間の軍需企業が「軍産複合体」として一体となり、米国政治を方向づけている。

弱体化する「ピース・キャンプ」

２０２３年10月7日にハマスの奇襲攻撃があって以来、イスラエルの平和を求める左派は国内で説得力をもたなくなった。イスラエルでは「ピース・キャンプ」と呼ばれる平和主義のグループは、イスラエル社会の右傾化とともに、力を大きく喪失しているが、ハマスの奇襲攻撃以降、その求心力を回復することはいっそう難しくなった。

イスラエルでピース・キャンプに属しているのは圧倒的に東欧や中欧からの移民であるアシュケナジムのユダヤ人が多い。ピース・キャンプの人々は、ラビン首相時代のオスロ合意を締結した頃にあった和平への機運を懐かしんでいる。

１９４８年の建国以来、パレスチナ人やアラブ諸国との戦争についてイスラエル国内で多くの議論があった。しかし、２０２３年10月にガザ戦争が始まってからは、戦争の是非やパレスチナ人に対する人権侵害などで国内的議論はほとんど行われていない。

１９８２年のイスラエル軍によるレバノン侵攻の際には「ピース・ナウ」の運動が反戦の声を上げた。「ピース・ナウ」は１９７８年にイスラエル人作家のアモス・オズ（１９３９〜２０１８年）などを中心に創設されたパレスチナ人との平和共存を目指す組織で、１９６７年の第三次中東戦争の停戦ラインを境界にパレスチナ国家の創設を訴え、エルサレムはイスラエル・パレスチナ双方の首都となると主張する。1982年のレバノン侵攻の際には当時のイスラエル国民の10分の1に相当する40万人を集めて反戦デモを行ったほど勢いがあった。また、「ピース・ナウ」は1993年のオスロ合意を支持したが、2000年に始まる第二次インティファーダでイスラエル人がパレスチナ過激派による自爆攻撃などで犠牲になると、イスラエル国内での支持を失うことになった。イスラエル外務省によれば、2000年から2004年の間、パレスチナ人の暴力で132人のイスラエル人が犠牲になった。それに対して第二次インティファーダが始まった最初の一年間だけでもパレスチナ人は4000人以上が殺害された（ブリタニカ）。インティファーダにおいても、パレスチナ人たちを人道的に扱うように求める声はイスラエルにあったが、近年ではパレスチナ人に対する人権侵害についてもそれを非難する声は聞かれなくなっている。

イスラエルで平和を求めたり、反戦の声を上げたりするのが難しくなったのは、イスラエル政治・社会の右傾化・極右化がその理由としてある。

イスラエルでは第二次インティファーダにおける暴力的衝突、2005年のイスラエル軍のガザからの撤退によって、いかなる領土的譲歩も行うべきではないという主張が強まり、また若い世代は1993年のオスロ合意を知らない。ネタニヤフ首相の政権が長期化すると、彼のような右派思想がますますイスラエルで定着するようになった。平和やパレスチナ人への譲歩を主張することは、「国家への裏切り」と見られる傾向が強まった。

多くのイスラエル人にとって、戦争が常態化し、平和への記憶が遠のいている。ガザでの戦争も２００８年暮れから２００９年はじめにかけて、また２０１２年、また２０１４年夏、２０２１年と行われ、２０２１年５月にはイスラエルの攻撃によって、２５００人のパレスチナ人が死傷した。

政府に対する批判や反対意見が法律や規制によって抑圧されるようになり、一部の平和を求めるＮＧＯには「外国のエージェント」「テロリスト」などのレッテルが貼られ、報道の自由も制限されるようになった。２０２３年11月にイスラエルのシュロモ・カルヒ通信大臣は、イスラエルのリベラル系の「ハアレツ」紙が「嘘つきで敗北主義的なプロパガンダ」を行っているとして罰金を科すことを提案し、また２０２４年５月にはカタールのテレビ局アルジャジーラのイスラエル事務所が閉鎖された。イスラエル、あるいは一部の欧米のメディアはイスラエル政府の発表の通りにパレスチナ人の「侵略」や暴力を強調し、イスラエルの国際法違反や人権侵害を軽視するような報道が多い。

さらに、米国のトランプ元大統領の自国至上主義の訴えやヨーロッパでの極右の台頭など、世界的なポピュリズムの台頭もイスラエル社会の右傾化をもたらす要因になっている。イスラエル政府に対する批判は、「反セム主義」と即座に決めつけられることも、イスラエルの戦争への非難を委縮させることになってきた。

現在の「反セム主義」という言葉は日本のネトウヨなどが使う「反日」と性格がよく似ている。イスラエルがホロコーストをもち出して、「反セム主義」を告発することで、イスラエルの戦争や国際法違反、人権侵害に対する正当な批判がしづらい環境が意図的につくり出され、これらがイスラエルの戦争を絶え間ないものにして、国民の利益にならないような戦争国家にイスラエルを仕立てている。平和と公正、またパレスチナ人やアラブ・イスラム世界との共存がイスラエル国家の存在を永続的なものにするはずだが、イスラエル国家はそれらとは真逆な、危険な方向に歩んでいる。(https://mondoweiss.net/2024/08/why-the-israeli-peace-camp-disappeared/)

第5章

イスラエルを孤立させるネタニヤフの「狂気」

ベンヤミン・ネタニヤフ首相　写真提供：ロイター＝共同

ネタニヤフはなぜタカ派になったのか？

イスラエルを存亡の危機へと陥らせているネタニヤフの「狂気」の源には、彼の育った家庭の影響が大きい。彼の父親のベンシオン・ネタニヤフ（1910～2012年）は歴史家で、米国のコーネル大学などの教授を務めたが、イスラエル国家創設のためのロビー活動を米国で行い、その著述で修正シオニズムのイデオロギーの正当性を訴え続けた。前述のように修正シオニズムは、ウラジミール・ジャボチンスキーによって創始されたイデオロギーで、現在のイスラエル、パレスチナ、さらにはヨルダンまでもユダヤ人国家が支配することを主張し、1947年の国連パレスチナ分割決議にもパレスチナ全域をユダヤ人が支配するという修正シオニズムの考えに背くとして反対した。

ベンシオンの父親のネイサン・ミレイコフスキー（1879～1935年）はラビで、シオニストの活動家だった。ミレイコフスキー一家は、1920年にパレスチナに移住し、スラブ語のミレイコフスキーという姓をヘブライ語のネタニヤフに変えた。当時、東欧からのユダヤ人移民（アシュケナジム）はヨーロッパ風の名前をヘブライ語名に変えることが一般的だった。

ベンシオンは、1944年にツィラ・シーガルと結婚し、ヨナタン（1946～76年）、べンヤミン（＝ネタニヤフ首相）、イド（１９５２年生まれ）の３人の息子をもった。長男のヨナタンはイスラエル軍の特殊部隊「サイェレット・マトカル」の司令官としてパレスチナ・コマンドにハイジャックされたイスラエル航空（エル・アル）旅客機のウガンダ・エンテベ空港での救出作戦を指揮した。この作戦では１０６人のイスラエル人人質のうち１０２人が救出されたが、ヨナタンは救出作戦を担ったイスラエル軍の唯一の戦死者となった。ベンヤミンにとってヨナタンは大きな存在で、彼がパレスチナ人との戦闘の中で亡くなったことも、ベンヤミンのパレスチナ人に対する見方を決定づけることになった。

「兄ヨナタンは私にとっての北極星だった。迷路のような人生を導く見習うべき模範だった。ヨナタンがいる限りイスラエルという国の未来を確かなものにしてくれると感じていた」が、ヨナタン戦死という報を受けた時にベンヤミンは「私の人生が終わったように感じた。もう立ち直れないと思った。兄の犠牲が私を戦いに駆り立てそしてイスラエルで最も長く首相を務めるまでに導いたのだ」と述べている。

（ＮＨＫ「映像の世紀　バタフライエフェクト　イスラエル」より）

ベンシオンは戦闘的な修正シオニズム思想の信奉者だった。ウラジミール・ジャボチンスキーは1923年にパレスチナのユダヤ人はアラブ人との間に強力な「鉄の壁」を築き、アラブ人に対して武力で優越し、防御に優れたユダヤ人国家創設を説いたが、そうしたアラブ人との対決姿勢をベンシオンは支持し、イギリス支配と宥和《ゆうわ》的なシオニストたちを批判するようになった。ベンシオンは1940年にジャボチンスキーの秘書の助手となるために米国に渡ったが、ジャボチンスキーが間もなく亡くなったために、米国のタカ派のシオニスト組織の事務局長となり、イスラエル建国の年である1948年までその職にあった。米国の修正シオニズム運動の指導者の一人となり、また米国の国会議員たちがシオニズムを支持するようにロビー活動を熱心に行った。

ベンシオンは、フィラデルフィアのドロプシー・カレッジ・フォー・ヘブライ・アンド・コグネイト（同胞）・ラーニング（Dropsie College for Hebrew and Cognate Learning in Philadelphia：現在のペンシルベニア大学高等ユダヤ研究センター）で、スペインからのユダヤ人追放に反対したユダヤ人学者で、政治家のアイザック・アバルバネル（1437〜1508年）に関する論文によって博士号を取得した。1949年に独立間もないイスラエルに戻ると、アラブ人に対する強硬な見解を次々と発表するようになり、イスラエル国内のアラブ人は我々の絶滅を図るだろうと主張したり、イスラエル・パレスチナからのアラブ人の追放を明確に訴えたりした。アラブ人の本性は紛争を行うことにあり、アラブ人には妥協という観念がなく、イスラエルの本来的な敵であることをベンシオンは熱心に説いた。

１９５７年に米国に再び渡ってドロプシー・カレッジ、デンバー大学、コーネル大学で教職にあったが、ヨナタンの死とともに１９７６年にイスラエルへ戻った。

イスラエル社会は当初、長らく与党だった労働党の支持者たちにベンシオンのような東欧や中欧からの「アシュケナジム」といわれるユダヤ系移民が多く、労働党はキブツと呼ばれる農業共同体の中で平等を実現する社会主義思想によって方向づけられていた。このキブツ社会主義は、社会主義の最も成功した例として逸話的に語られることも多い。「セファルディム」は、元々はイベリア半島に居住し、スペイン王国の１４９２年3月のユダヤ人追放令とともに、アフリカ、中東、アジアなどに離散していったユダヤ人たちだが、このセファルディムの人口が１９５０年代になると、イスラエル国内で増加していった。イスラエルの政治・社会における支配階層はアシュケナジムだったが、「二級市民」とも言うべき立場に置かれていたセファルディムはアシュケナジムに対抗するように、右派政党のリクードを支持し、リクードはその党勢を拡大していった。

アラブ人に対する強硬な見解によってアシュケナジム社会から疎外されていると感じていたベンシオンは、自らがアシュケナジムであるにもかかわらず、セファルディムに接近していった。多くのユダヤ人歴史家がスペインのユダヤ人はキリスト教への改宗を強制されたにもかかわらず、生存のために秘密裏にユダヤ教の信仰を保持する「マラノス（単数形はマラーノ：豚の意味）」となったと解釈するのに対して、ベンシオンは彼の主著である『15世紀スペインにおけるスペイン異端審問の起源（*The Origins of the Spanish Inquisition in fifteenth century Spain*）』の中でスペインのユダヤ人は自ら主体的にキリスト教徒になったと主張した。

1481年に異端尋問が開始されるまでにごく少数しかユダヤ人はイベリア半島に存在しなかったとベンシオンは解釈し、ユダヤ教徒などを摘発するための異端尋問は、スペイン王国の絶対的な権力を維持するために、ユダヤ人に対する人種主義と経済的な嫉妬に動機づけられていたと述べ、キリスト教への改宗はスペインのユダヤ人を救うことにはならなかったとベンシオンは考えた。スペインでは1802年にも300年以上も前の「ユダヤ教徒追放令」が繰り返され、ユダヤ人の子孫とされた者の商店や宝石工房が襲撃され、略奪されるという事件が発生し、ユダヤ人に対する人種的差別観や弾圧は続いていた。（https://hermes-ir.lib.hit-u.ac.jp/hermes/ir/re/12026/ronso1160402000.pdf　Depending on how you interpret B. Netanyahu's book, it has two 'morals'.)

19～20世紀にキリスト教に改宗したユダヤ人たちもナチスのホロコーストを免れることがなかった。アシュケナジムのユダヤ人は手遅れになる前にヨーロッパを離れるようにというウラジミール・ジャボチンスキーの警告に耳を傾けなかったとベンシオンは訴え、これらの人種差別や弾圧の歴史があるにもかかわらず、ユダヤ人は１９４８年や67年におけるイスラエルのアラブ諸国への戦争勝利のために、楽観的になり過ぎているとベンシオンは考えた。ベンシオンには、味方のいないユダヤ人はユダヤ人自らの手によって守らなければならないという確信があり、それは息子のベンヤミンにも引き継がれていった。対話ではなく武力を優先するネタニヤフ首相の在り方には、このような信念を背景としている。

「鉄の壁」に基づくネタニヤフのタカ派思想

イスラエルで最も長い任期の首相となったベンヤミン・ネタニヤフは、１９４９年10月にテルアビブで生まれたが、１９６３年に父ベンシオンの仕事に伴って米国フィラデルフィアで生活した。１９６７年にイスラエル国防軍に入隊し、特殊部隊のサイェレット・マトカルの兵士となり、１９７２年にテルアビブ・ロッド空港のハイジャック機救出作戦にも参加した。1976年に米国マサチューセッツ工科大学（MIT）のMBA（経営学修士）を取得し、1976年に兄ヨナタンがウガンダ・エンテベ空港の人質救出作戦で死亡すると、テロリズムに関して研究を行う「ヨナタン研究所」を創設した。

1988年にリクード党員として国会議員に初当選し、1988年から1991年まで外務次官の職にあり、1991年から1992年に首相府次官となった。1993年にリクード党首となり、1996年にイスラエル初の首相公選制で、労働党のシモン・ペレスに僅差で勝利し、イスラエルで初めて独立後に生まれた、最年少の首相となった。

その後のネタニヤフの首相職は大きく分けて1996年から1999年の第一期と、2009年から2021年の第二期、また2022年12月に始まる第三期に分かれる。

ネタニヤフも父親のベンシオンも修正主義シオニストであり、そのイデオロギーをつくり出したウラジミール・ジャボチンスキーの「鉄の壁」という考えに共鳴している。すでに述べた通りウラジミール・ジャボチンスキーはイギリスがパレスチナを委任統治していた時代の1923年に「鉄の壁について」という論文を発表した。ジャボチンスキーは、ユダヤ人がもたらす技術的進歩や経済状況の改善が先住民のアラブ人に受け入れられるという「空想的な信念」をシオニズム運動の指導者たちはもっていると指摘した。

ジャボチンスキーは、先住民のアラブ人たちは、ほかの先住民たちと同様に、自らの土地に乗り込んできた人々（＝ユダヤ人）の民族的切望などは決して受け入れないと主張した。あらゆる先住民は植民地主義者の脅威を力で排除できるという希望がわずかでもあれば、植民地主義者に徹底的に抵抗するだろうとジャボチンスキーは考え、シオニズムは土地の支配をめぐってアラブの民族運動と戦わなければならないと主張した。そのためにはシオニズムは「鉄の壁」というアラブ人が決して打ち破ることができない軍隊を発展させ、アラブ人にユダヤ人国家を受け入れさせなければならない、というのがジャボチンスキーの考えだった。

ジャボチンスキーが創始した修正シオニズム運動は、労働党の社会主義に対抗し、ユダヤ人の軍国主義を育成することを強調した。領土的な妥協を一切しないというジャボチンスキーは、パレスチナに土地を与える国連分割決議にも反対した。パレスチナ人をはじめアラブ世界もこの分割案に反対し、イスラエルが独立を宣言すると、即座にイスラエルとの戦争（第一次中東戦争）を開始したが、この戦争でアラブ諸国は敗れ、パレスチナ全域の80％近くがイスラエルの領土となり、ヨルダン川西岸と東エルサレムはヨルダンが、またガザ地区はエジプトが支配するようになり、イスラエル領となった土地に住んでいた過半数のパレスチナ人たちは難民として逃れるか、追放された。

1967年の第三次中東戦争はイスラエルの先制攻撃もあってわずか6日間でイスラエルの圧倒的勝利に終わった。イスラエルはヨルダン川西岸、東エルサレム、ガザ地区、そしてシリアからゴラン高原を、エジプトからシナイ半島を占領し、修正シオニズム運動のイデオロギーが実現しうるような勝利に終わった。

1948年から1977年までイスラエル政治を支配したのは労働党だったが、1977年に修正シオニズムの政党リクードが初めて政権の座についた。人口増加が著しいアラブ諸国の脅威に加えて、支配階層であり続けたアシュケナジム主体の労働党に対抗するため、セファルディムのユダヤ人たちが競合するリクードに投票した。

イスラエルの占領に対してパレスチナ占領地では1987年からインティファーダが始まり、イスラエル軍はパレスチナ人の投石に対して発砲で対抗したが、イスラエル軍のふるまいは過剰なものという国際社会の批判を受けるようになった。

1992年に首相となった労働党のラビンは、パレスチナ人との和平が必要と考え、1993年にオスロ合意を成立させた。オスロ合意はイスラエルとパレスチナが共存し、パレスチナ人の自治地域を次第に拡大させ、ヨルダン川西岸とガザに、パレスチナ国家を認めるというものだった。パレスチナ人との和平はイスラエルが国際社会と円滑に付き合い、イスラエルを国際経済や国際秩序に融合させ、イスラエルの経済発展を図るためにも必要とラビンは考えた。

ネタニヤフがリクードの党首となったのは、このオスロ合意のあった１９９３年で、ネタニヤフはオスロ合意を、ジャボチンスキーが警告した領土的譲歩とみなし、ユダヤ人に対する脅威は圧倒的な力を行使することによって排除できると再三訴えた。領土的譲歩は、イランの核兵器開発などイスラエルをめぐる脅威に対しても弱点を見せることになり、結局ユダヤ人国家の生存を危うくするものと主張した。イスラエルの強力で、圧倒的な軍事力を示せば、アラブ諸国もイスラエルの存在を認めざるを得なくなるというのが、ネタニヤフの確信だった。それは、修正シオニズムの考えに基づくもので、実際に一部のアラブ諸国がイスラエルになびくことは、２０２０年９月に成立したネタニヤフのイスラエルとアラブ首長国連邦との間の国交正常化「アブラハム合意」にも見られた。

ネタニヤフの修正シオニズム観はハマスに対する徹底的な勝利を収めるまで戦争を継続するという彼の主張にも見られたが、軍事力の行使はハマスやヒズボラなどイスラエルと敵対する勢力にもいっそうの軍事力の強化をもたらすことにもなり、軍事支出は伸び続けている。

ネタニヤフの父ベンシオンが研究したスペイン王国ではフェリペ２世がマドリード郊外に

築いた豪華なエル・エスコリアル修道院などの奢侈に加え、フランスとのイタリア戦争、オスマン帝国とのレパントの海戦などで戦費が嵩み、新大陸から得られた銀による富の多くが、王族の贅沢や戦費に用いられた。1588年にはスペインの「無敵艦隊」はスペイン領であったオランダの独立を支援するイギリス海軍とのアルマダ海戦に敗れ、その衰退が次第に判明していく。

このように、戦費の拡大が強大な帝国の衰退や崩壊を招くことは歴史が証明することだ。古代ローマ帝国、大英帝国、アドルフ・ヒトラーの第三帝国は、一時期は世界の大国、強国になったが、いずれ衰退していった。軍事一辺倒のネタニヤフのような修正シオニズムの発想はイスラエルを疲弊《ひへい》させる結果につながる。

イランとの戦争を画策し続けるネタニヤフ

ネタニヤフ首相はイランの脅威を唱え続け、イランとの戦争を否定しない発言を継続している。ガザ攻撃に見られるように、戦争によって政治的権力の維持を図るネタニヤフ首相にとって、イランとの戦争は必要と考えられているに違いない。

2024年4月1日、シリアのダマスカスにあるイラン大使館領事部がイスラエル軍と思われるミサイル攻撃を受けて、イラン革命防衛隊クッズ（エルサレム）部隊司令官のモハンマド・レザー・ザーヘディ准将ら7人が死亡し、またシリア人市民6人も殺害された。イランのハメネイ最高指導者が直ちにイスラエルへの報復を誓うなど緊張が高まった。

外交施設を攻撃することは国際法で禁じられていて、イスラエルは1982年にレバノン侵攻した際には、その正当化の理由としてロンドンのイスラエル大使が銃撃されて死亡したことを引き合いに出したが、まったくの自己矛盾だ。ネタニヤフ首相はイランを戦争に引き込むことによって、ガザ戦争に批判的となっている米国の支持を得たいという目的があるのかもしれない。

イランの保守系の新聞では、イランの外交施設が攻撃されたのだから、各国にあるイスラエルの外交関連施設を攻撃するのは、まったく正当であるという論調も現れた。イランがアゼルバイジャンのイスラエル大使館を攻撃する可能性を「BBCモニタリング」が指摘したものの、イランには米国やイスラエルとの通常戦争を戦う意図はないように見える。

2023年12月にイランのハメネイ最高指導者は、イラン革命防衛隊のムサビ（ムーサヴィー）上級顧問がイスラエル軍の攻撃により、シリア・ダマスカス郊外で亡くなったことを受けて、イスラエルに対する報復に許可を与えたが、実際にイランが報復することはなかった。イランはイスラエルの攻撃を受けるものの、1980年代にイラクとの8年間の悲惨な戦争を経験した国民の間にイスラエルとの戦争を支持するムードは強くない。また、イランでは2022年に女性のヒジャーブ（スカーフ）着用をめぐって反政府運動が高揚しており、戦争によって国民の意識が政府から離反する可能性もある。

2015年3月3日、ネタニヤフ首相は米議会で演説し、「イランによる征服とテロを止めるために立ち上がらなくてはならない」と述べたこともあった。イランが核兵器製造を放棄する見返りに、イランへの経済制裁を解除するという、米国も参加するイラン核合意が成立する直前のことだった。イランが他国を征服する様子はまったく見られず、ネタニヤフ首相の発言は偏執病（パラノイア）的で、彼の異様な「強迫観念」を表していた。

ネタニヤフ首相はイランに対する「予防戦争」を継続的に提唱してきた。彼は30年近くの間、「イランが1年以内に核兵器を保有する」と主張し続けている。これはイラク戦争前の2002年暮れに、ネタニヤフ首相が「ウォールストリート・ジャーナル」に寄稿した、「イスラエルの政治指導部はサダム・フセイン政権が核兵器を数カ月以内に保有するだろう」という虚偽の主張と共通している」という認識で一致している。

イスラエルは、イラクが核兵器製造に近いと訴え続け、イスラエルのモサドは、イラクの核開発を挫《くじ》くための秘密作戦を行い、1980年6月に、イラクの核開発を指導していたヤフヤー・アル・マシャドをパリのホテルの一室で殺害し、イラクの核物理学者であったアブドゥル・ラスールも1983年にパリで昼食をしている間に毒を注入して暗殺した。

1979年4月にはフランスのトゥールーズでイラクに向けて輸出されようしていた原子炉の破壊を画策し、その60%を破損させた。

その後1981年にオシラク原子炉を空爆して破壊した。イラクも、また原子炉を輸出したフランスも、オシラク原子炉は平和利用であると訴え続けたが、イスラエルはこれを信用しなかった。まさに現在のイランと同様な事態がイラクで起こっていたわけだ。イスラエルは、オシラク原子炉の破壊に成功すると、それが自衛のための作戦であったことを強調したが、実行されたのはイスラエルの国会選挙の3週間前で、選挙で政権を有利にするための背景があったとみられている。

イラク戦争の前にパレスチナ系米国人の文学者エドワード・サイードは「シャロン（当時のイスラエル首相）とすればサウジアラビア、エジプト、ヨルダンを無力化しイラク攻撃を進めれば、アラブ世界を政治的に破壊してパレスチナ人を『終わり』にできる。ヨルダン川西岸、ガザ両地区にも入植し、パレスチナ人を追い出すかも知れない」と語ったが、（朝日新聞

2002年9月17日付）イランを挑発し、米国を対イラン戦争に引きずり込もうとするネタニヤフ首相の姿勢もまたパレスチナ人を「終わり」にしたい意図の表れなのだろう。

イスラエルの歴史学者・ハラリによる批判

イスラエルの「ハアレツ」紙（2024年4月18日付）に『サピエンス全史』などの著作のある、歴史学者のユヴァル・ノア・ハラリの「From Gaza to Iran, the Netanyahu Government Is Endangering Israel's Survival（ガザからイランまで：ネタニヤフ政権はイスラエルの存続を危うくしている）」という文章が掲載された。（「クーリエ・ジャポン」に「孤立したイスラエルは完全敗北に近づいている」として転載。5月1日付）

この記事の中でハラリは、ネタニヤフ首相が長年追求してきた政策がイスラエルや中東地域全体を破滅に導く可能性があるが、ネタニヤフ首相には反省も、また政策変更の意図も感じられないと批判している。

ネタニヤフ政権はハマスとの戦争を遂行する中で、西側民主主義諸国との同盟や、穏健アラブ諸国との協力を強化すべきだったが、これらの目的は無視され、人質の解放やハマスの非武装化を実現できないばかりか、230万人のガザ住民たちの人道危機をもたらしてしまった。イスラエルがパレスチナに対する姿勢を変えなければ、歴史的災難がイスラエルに降りかかるとハラリは警告している。

ネタニヤフ首相らがガザに対して行ってきたのは盲信的な復讐であり、旧約聖書の士師記《しし き》に登場するサムソンのように、イスラエルは復讐のためにだけ自分の魂や肉体を滅ぼすようになっているとハラリは語る。サムソンはペリシテ人たちによって暗闇に監禁され、神によって力を再び与えられたものの、復讐のためにペリシテ人を道連れに死んでいった。そのサムソンにネタニヤフのイスラエルが酷似してきたというのがハラリの主張だ。イスラエルの極右入植者たちは、２０２３年２月にヨルダン川西岸のハワラで２人の入植者が殺害されると、このハワラの町全体を焼き払ったが、これをイスラエルの治安部隊は制止することがまるでなかった。ハワラでの報復劇は現在のガザ攻撃の「予行演習」となったとハラリは述べている。

現在のイスラエルは、１９４５年の日本のように、敗北の危機に瀕しているにもかかわらず、勝利を約束するエコーチェンバー（同調の声ばかりが響く部屋）の中に閉じ込められている。これを壊すには、サムソンのような政策を追求してきたネタニヤフ首相が即座に辞任しなければならないとハラリは説く。ガザの人道危機に終止符を打つことがイスラエルの国際的地位の再構築になるとハラリは訴え、パレスチナ人に対する姿勢を変えなければ、イスラエルは孤立して単独でイランと対峙しなければならないとイスラエル国民としての危機意識を文章の最後に吐露している。

ハラリが言うように、ネタニヤフ政権がガザにしていることはイスラエルの国際的イメージを著しく悪化させた。最大の同盟国の米国ですら学生たちがイスラエルによるジェノサイドを批判し、イスラエルの軍需産業と関連をもつ企業からの投資撤収を呼びかけるようになっている。こうした若者たちの声が米国のイスラエル政策の変更をもたらす可能性があることは言うまでもない。イスラエルがこのままパレスチナに対する政策を改善することがなければ、２０２４年5月に南米のコロンビアがイスラエルとの断交を表明したように、イスラエルの国際的孤立はますます深まっていく。

哲学者のハンナ・アーレントは、パレスチナ人に対して人種差別的なイスラエル初代首相のデヴィッド・ベングリオンやイスラエルの多くの人々が「反セム主義」によってユダヤ人がガス室や人間石鹸に至ったと強調しているせいで、「反セム主義」は永久ではないにしても、当分の間、まったく信用を得られなくなったと述べた。現在、ベングリオンよりもはるかに人種主義的なネタニヤフ首相が「反セム主義」という言葉を多用することで、「反セム主義」という言葉はその信用をまったく失墜させ、国際社会の多くの人々はイスラエルの主張に耳を貸さなくなっている。

２０２４年４月、ヨーロッパ・ユダヤ人会議のアリエル・ムジカント会長は、イスラエル極右のベングビール国家治安相がガザへのイスラエル人の再定住を提案したことで、ヨーロッパにおける反セム主義が一段と強まったと語った。イスラエルはハラリが言うようにまさに現代のサムソンになりつつある。

ネタニヤフへの逮捕状の請求

オランダ・ハーグに本部を置く国際刑事裁判所（ＩＣＣ）は２０２４年５月20日、イスラエルのネタニヤフ首相、ガラント国防相、またハマスの指導者たちに逮捕状を請求した。イスラエル政府首脳への逮捕状について米国のバイデン大統領は「言語道断（outrageous）」と語り、ブリンケン国務長官は翌21日、議会との連携の上にＩＣＣに対する制裁の可能性を探っていくと述べ、米国政府が逮捕状請求に強く反発していることを明らかにした。

しかし、２０２３年３月、ＩＣＣの検察官がロシアのプーチン大統領に逮捕状を請求した際には、バイデン大統領はロシアが明らかに戦争犯罪を犯していると述べ、逮捕状は正当なものであるという見解を示している。また、ブリンケン国務長官も米国が締約国でないため、プーチン大統領の逮捕に協力するようにＩＣＣの締約国に呼びかけた。

このように、ＩＣＣの逮捕状をめぐっても米国の「ダブルスタンダード（二重基準）」が明らかになった。一方でフランスやスペインはＩＣＣの「独立性を支持する」という声明を出した。フランス外務省はガザでの市民の犠牲を何カ月も警告してきたと述べ、スペイン外務省もXへの投稿でＩＣＣの職務は介入を受けず自由に遂行されねばならないと主張している。フランス、スペインはＩＣＣの締約国だ。また、保守党政権時代のイギリスはイスラエルのネタニヤフ首相とガラント国防相に対するＩＣＣの逮捕状請求について疑問を投げかけていたが、２０２４年7月に労働党が与党になると、ＩＣＣに働きかけを行う気配はみられなくなっている。

米国のブリンケン国務長官は逮捕状の請求が停戦と人質解放に向けた交渉の成功を脅かすと述べたが、逮捕状の請求が停戦を遅らせる理由について説明しなかった。米国こそ停戦を遅らせてきた「張本人」で、国連安保理で停戦を求める決議案に3回拒否権を行使し、４回目は棄権した。

ＩＣＣの訴状の内容はイスラエル政府首脳とハマス指導者たちでは異なっていて、イスラエル政府首脳たちは民間人を飢えさせ、攻撃を加え、絶滅させようとした罪で起訴されている。他方、ハマス指導者たちのほうはレイプなど性的犯罪や拷問や人質など捕虜の扱いに関する責任が問われている。ガザではすでに4万人以上が亡くなっているように、その犯罪規模の面ではイスラエルのほうがはるかに大きい。

ＩＣＣは、２０１４年夏のイスラエルのガザ攻撃、ヨルダン川西岸へのイスラエル市民の移住（入植地の拡大）、また２０１８年３月から２０１９年12月にかけて行われたガザ境界でのパレスチナ人のデモに対するイスラエル軍の発砲、パレスチナ人ベドウィンの追放などを戦争犯罪の容疑があるとして捜査してきた。

ＩＣＣの司法権以外に世界では40カ国ほどが侵略や人権侵害行為自体を罰する法律を独自にもっている。チリの独裁者ピノチェト将軍は１９９８年10月16日に、スペインの治安判事バルタサール・ガルソンによってチリで犯した人権侵害で起訴され、その6日後にロンドンで逮捕された。スペインとイギリスの連携による迅速な措置だったが、ピノチェトは健康上の理由で釈放されるまで1年半の間、自宅拘禁に置かれた。国内法が外国の元首だった人物に及んだ最初の事例だったが、ネタニヤフ首相も逮捕への危惧から行動の自由が大幅に制限されるに違いない。

2014年5月12日、安倍晋三首相（当時）と会談したネタニヤフ首相は中東和平について「二国家解決に向けた協力、入植活動の凍結、パレスチナ囚人の解放等に努力してきた」ことを説明した（外務省のページより）。その後、ネタニヤフ首相は、パレスチナ国家を認めることはなく、また入植地拡大を継続し、パレスチナ人政治犯を多数拘束してきた。彼の日本での発言がいかに誠意のないものであったかがわかる。

このネタニヤフ首相の来日では、イスラエルとの防衛協力が成立し、また人的交流が活発に行われることで一致を見た。中東戦争を戦ってきたイスラエルは紛争当事国になる可能性があるとして旧・武器輸出三原則では禁輸対象国だったが、2014年のネタニヤフ首相の来日の際に「包括的パートナーシップ」を結び、イスラエルに対する装備や技術移転が可能になった。このイスラエルとの包括的パートナーシップによって、現在のガザ攻撃に日本の防衛装備品や技術が用いられていることは否定できない。日本はICCなどの動きを受けてイスラエルとの包括的パートナーシップの見直しや停止を本来ならば行わなければならないはずだが、その動きはない。

その後、ICCは2024年11月21日にネタニヤフに対する逮捕状を発行した。ICCの締約国である日本にはネタニヤフ逮捕の義務が生じたことになり、ネタニヤフは訪日しづらくなるだろう。

世界では40カ国ほどが侵略や人権侵害行為自体を罰する法律を独自にもっていると先に述べたが、スイスの戦争犯罪法（１９２７年成立）では、国籍にかかわらず戦争犯罪に関わった人物に対して裁判を起こすことが可能となっている。２０１９年７月に、２００６年のイスラエル軍のレバノン侵攻を判断したイスラエルのエフード・オルメルト元首相（在任２００６～09年）はスイスで逮捕、拘禁されることを恐れて予定されていたスイス訪問をキャンセルしたことがあり、同様に、ネタニヤフ首相らも将来的に他国への訪問が制限される可能性が高い。

イスラエルが踏襲するオリンピック期間中の暗殺

ハマスのイスマイル・ハニヤ最高指導者は、パリ・オリンピック開催中の２０２３年７月31日に、イランのテヘランでイスラエルによって殺害された。イランの主権を無視した殺害で、イスラエルには国際的非難が集まり、ハマスの報復も予想された。イスラエルは、ほかにも、イラン国内でイランの核物理学者４人を殺害したと見られている。

２０２３年10月７日のイスラエルのガザ攻撃が始まって以来、ハニヤ最高指導者の家族・

親族は60人以上が殺害されたが、その中には彼の妹、3人の息子、また3人の孫が含まれる。「平和の祭典」であるオリンピック開催中のイスラエルの攻撃は、オリンピック憲章に反するものだが、イスラエルを支援してきたドイツ出身のトーマス・バッハ委員長には、ウクライナを侵攻するロシアを出場禁止にしても、イスラエルの参加には何の制限も加えなかった。オリンピックが始まってからイスラエルはレバノンの首都ベイルートを空爆するなど、その軍事行動をいっそう強めるようになり、IOCの二重基準は明白だった。

2000年9月、イスラエルの右派政党リクードのアリエル・シャロン党首がエルサレムのイスラムの聖地ハラム・アッシャリーフに足を踏み入れたことを契機に、パレスチナで第二次インティファーダが始まると、その年の11月にパレスチナ人指導者に対する「暗殺作戦」に着手し、ハマスの精神的指導者アフマド・ヤースィン（2004年3月）、その後継の指導者アブドゥル・アズィーズ・ランティスィ（2004年4月）を立て続けに殺害した。これがハマスのイスラエルに対する払拭しえない不信につながったことは間違いなく、2023年10月7日のようなハマスの奇襲攻撃の背景となり、イスラエル市民の犠牲をもたらすなど結局イスラエルの安全保障に役立っていない。

1972年のミュンヘン・オリンピックでパレスチナの武装組織である「黒い九月」はイ

スラエルの選手、コーチ11人を殺害した。イスラエルは報復として「神の怒り作戦」を実行に移し、フランス、イタリアなどでＰＬＯの指導者たちを次々に殺害していった。イスラエルの情報機関モサドは、１９７３年７月21日、ノルウェーのリレハンメルのレストランで働いていたモロッコ人ウエーターのアフメド・ブーチキを「黒い九月」の指導者の一人であるアリー・ハッサン・サラメと間違えて、映画館から出てきたところを妊娠している妻の前で射殺した。モサドの要員がノルウェーを離れる時に６人が逮捕され、禁固刑を受けた。

アリー・ハッサン・サラメは結局１９７９年１月に自動車にしかけられた爆弾によってレバノンのベイルートで殺害されたが、彼のほかに８人が巻き添えになった。パレスチナ人たちは「神の怒り作戦」で殺されたパレスチナ人たちの多くは「黒い九月」とは関係がないと述べている。２０２３年10月のハマスの攻撃とは関係のない多数の市民を殺害していることを彷彿させるものだ。

モサドはパレスチナ人指導者たちに対する暗殺作戦を「神の怒り作戦」後も継続した。１９８８年にはチュニジアでＰＬＯの軍事部門の指導者であるアブー・ジハードを殺害した。また、１９９５年には「イスラム聖戦」の指導者であるファトヒー・シャカーキーをマルタ島で暗殺した。

1996年には「エンジニア」と呼ばれたハマスの爆弾製造者であるヤフヤー・アイヤーシュがガザで携帯電話を使用したところ、携帯電話が爆発して亡くなった。携帯電話へのしかけ爆弾はモサドがつくったものと信じられている。

2005年に制作された映画『ミュンヘン』は1972年のミュンヘン・オリンピック後の「神の怒り作戦」を描いたものだった。この映画ではパレスチナ人の心情も描いたために、映画を監督したユダヤ系のスティーヴン・スピルバーグはイスラエル右翼から「反イスラエル」と批判を受けた。映画『ミュンヘン』でスピルバーグ監督は暴力の連鎖がいかに意味のないものであるかということを描きたかったと述べているが、イスラエルはハニヤ最高指導者の例のように、意味のない暗殺作戦を継続した。そして2024年のパリ・オリンピック期間中にも暗殺を実行し、これらがイスラエルの国際的なイメージの低下につながっていることは言うまでもない。

戦争を支持するイスラエル世論

イスラエルのガザ攻撃はネタニヤフ首相の個人的利益によって行われているという見方はイスラエルの内外で定着し、戦争がイスラエル社会・経済の様々な綻びを見せているにもかかわらず、イスラエルの世論は戦争の継続に同調している。イスラエルのラザール研究所(Lazar Institute)が２０２４年８月２日に行った調査によれば、69%のイスラエル人が、７月31日に行われたハマス最高指導者のハニヤ最高指導者の暗殺をはじめネタニヤフ首相による暗殺作戦を支持している。暗殺は、ネタニヤフ首相個人の判断で行われているが、右翼的発想が支配するイスラエル世論にはそれを追認するようなムードがある。

イスラエルは右翼や極右が支配する政治に進み、１９４８年の建国以来史上最も極端で、過激な思想がイスラエルを支配するようになっている。イスラエル民主主義研究所の世論調査では、18歳から24歳までの73%のイスラエル人が自らのことを右翼と考え、ベングビール、スモトリッチなどの極右政治家たちが支持されるのは、イスラエル政治の右傾化を如実に示している。こうしたイスラエルの若年層がイスラエル軍の中核にいて、またイスラエルの入植活動を担うようになった。また、イスラエルのガザ攻撃や、ヨルダン川西岸におけるパレスチナ人に対する暴力、さらにはイスラエル国内のアラブ人への人種差別的活動の中心にいる。

イスラエルの政治・社会が右傾化した背景には、国家の成立自体がシオニズムというナショナリズムに基づいて行われたため、自ずとユダヤ人至上主義に至る背景があった。ナショナリズムは、他民族を犠牲にしてまでも、民族の栄光や発展、繁栄を考えるイデオロギーで、その極端な形態であったナチズムもドイツ国内のユダヤ人を二級市民扱いにすることで、ドイツ人の優秀ぶりを強調するものだった。それと同様なナショナリズムの進化がユダヤ人のシオニズムにも起こり、極端に他民族に対して不寛容になり、民族の敵に対して、敵意を煽り、暴力の行使を容認する政治が行われるようになり、その民族の栄光を訴える手段が軍事力、武力ということになっている。

イスラエル右翼にとって、ヨルダン川西岸の占領地に造成する入植地は合法的なものであり、パレスチナ人との間に和平プロセスを進展させることは国家への裏切りであるという考えが次第にイスラエル社会に浸透していったが、そのためイスラエルでは入植者たちがイスラエル政治の周縁から中心的な存在となっている。

２０１９年４月から22年11月までイスラエルでは5回の総選挙が行われたが、その争点の中心にあったのは、イスラエル政治におけるネタニヤフの役割をどう位置づけるかであった。また、この5回の選挙は将来のイスラエルの政治・社会におけるイデオロギーをどうとらえるかをめぐる競合でもあった。最後の２０２２年11月の総選挙で、極右が勝利し、２０１０年代からのイスラエル政治で最も安定し、かつ最も右寄りの政府が誕生した。極右は彼らのイデオロギーに基づいて、イスラエル政治を変えることに躍起となった。司法制度改革はその一例であり、ネタニヤフを汚職裁判から守ると同時に、極右勢力による入植地拡大が司法の制限なしに行われることを意味していた。

２０２４年8月5日付のイスラエルのアラブ系紙「アラブ48」によれば、入植地問題にも責任をもつイスラエル極右のスモトリッチ財務相はガザ自治区の入植地グーシュ・カティーフの再建を求める人々の前で発言し、「入植地がなければ安全がない」と発言した。また、ガザに対する人道支援についてイスラエルがしっかりコントロールしない限り、ハマスを破ることができないと述べた。つまり、ガザへの人道支援に関する統制を緩めれば、ハマスの勢力は弱体化することはないという考えを示し、「兵糧攻め」を正当化した。

ナチス・ドイツは、ソ連に侵攻する際に兵士の食料を確保するために、現地住民の飢餓《きが》を問題にすることなく、彼らから食料を没収することを考え、これを「飢餓計画」と呼んだが、そのためにドイツ軍のソ連侵攻で亡くなったソ連の民間人の数は７００万人ともされている。また、ポーランドなどでドイツがつくったユダヤ人ゲットーでは、ユダヤ人が口にできる食料は極めて限定され、肉やパンを入手できる人物は少なく、ユダヤ人の店には非常に限られた食料しかなかった。スモトリッチ財務相がガザに対して考えているのは、このナチス・ドイツがユダヤ人に対して行ったのと同様な措置だ。スモトリッチ財務相は、ガザへの穀物支援トラックを拘束し、米国バイデン政権の圧力があるまで解放しなかった経緯がある。スモトリッチ財務相はガザへの食料輸送がイスラエルの民間の管理に委《ゆだ》ねられており、これをイスラエル軍が統制すべきであると主張した。

彼は米国バイデン政権の和平プランがわずかばかりの人質を解放したにすぎず、イスラエルの安全保障にとって脅威であると述べた。スモトリッチ財務相の発言は、イスラエルの極右の非人道的な姿勢をあらためて示すものだった。

「最大限の配慮」というネタニヤフ首相の「大ウソ」

イスラエルのネタニヤフ首相は２０２４年7月25日、米議会でスピーチを行ったが、ハマスの壊滅と人質全員の解放まで戦闘を続ける姿勢をあらためて示し、停戦については言及しなかった。

この議会でのスピーチは共和党の有力議員が主導して行われたもので、民主党議員の間には反発は強く、ナンシー・ペロシ元下院議長やバーニー・サンダース議員（バーモント州選出）などの有力議員をはじめ上院や下院のおよそ半数の議員が欠席した。民主党の大統領候補となったカマラ・ハリス副大統領も日程上の理由で出席しなかったが、彼女はガザでの民間人の犠牲の多さと、食料など人道支援物資がガザ市民に十分に届いていないことに疑問の声を上げてきた。また出席した議員の中でもパレスチナ系のラシダ・タリーブ下院議員のように、「戦争犯罪人」と書かれたボードを手にして抗議の意思を表す人もいた。さらに、議会の周辺では数千人の人々がネタニヤフ首相への抗議の声を上げた。

ネタニヤフ首相はこれまでも実態とかけ離れた虚偽の多い発言を常態的に繰り返してきたが、議会の演説でも、民間人の犠牲や人道支援物資の搬入については「最大限の配慮」を行ってきたことを強調し、イスラエルはガザの民間人を守ってきたとも発言した。「最大限の配慮」を行っているにもかかわらず、ガザでは実際に数えることができるだけでも4万400人（2024年12月上旬時点）の人々が亡くなり、飢餓がガザ地区全体を覆《おお》い、国連の表現によれば、子どもが飢えや栄養失調で次々と命を落とす事態になっている。とても「最大限の配慮」を行っているようには見えない。

さらに、ネタニヤフ首相は演説で第二次世界大戦後の日本にも言及し、「非軍事化と脱過激化という考えは第二次世界大戦後、日本とドイツに適用された。その結果、平和と繁栄と安全が続くことになった。イスラエルの勝利を受けて地域のパートナーの支援とともにガザ地区の非軍事化と脱過激化をすれば、同じように安全と繁栄と平和をもたらすだろう」とも語った。イスラエルは2007年以来、ガザ地区を封鎖して、ガザの復興や成長を一貫して妨害してきた。建物の再建に必要なセメントや鉄材などの物資は、「ハマスがトンネルの掘《くっ》削《さく》など軍事目的に使用する恐れがある」という理由でガザへの搬入を拒まれ、ガザ住民たちの生活インフラを破壊し続け、さらに、農業などガザの産業もことごとく破壊している。イスラエルのガザへの攻撃は非軍事化や脱過激化どころか、人々に反発や憤懣《ふんまん》を生み、武力に訴えて過激化することにつながっている。ハマスとの停戦にまったく前向きではないネタニヤフ首相がガザの非軍事化や脱過激化を実現するというのはまったく困難なように思える。

米議会での演説で、ネタニヤフ首相は完全に勝利するまでハマスとの戦闘を継続する考えを示し、イランに対抗するためにイスラエルと米国はともに立ち上がらなければならないと述べ、イランと、イランの支援を受けるハマスを「野蛮」と形容し、イスラエルや米国は野蛮と敵対して「文明」の最前線に立っていると述べた。ガザで多数の市民を殺害し、破壊の限りを尽くすイスラエルや、同様にイラクで多数の市民の犠牲者をもたらした米国のほうがよほど野蛮に感じる人は世界でも少なくないだろう。また、米国の大学などでのイスラエルのガザ攻撃を非難する運動を「イランが資金面で後ろ盾」になっているとまったく根拠を示すことなく決めつけた。

このように、ネタニヤフ首相は、米議会でガザの殺戮や破壊についてまったく自省する様子がなく、虚偽の主張を繰り返した。ガザ問題に関するネタニヤフ首相の最大の関心事は、イスラエル国会で多数派を維持することであり、そのためには14議席をもつ極右の「宗教シオニズム」や「ユダヤの力」の主張を聞き入れなくてはならない。これらの政党は、イスラエル軍によるガザ占領を継続し、イスラエルの入植地をガザに再建することを唱えており、ネタニヤフ首相は人質の家族の訴えやエジプトなどの停戦案を検討することよりも、これらの政党の願望を満たすことを最優先させている。

深まるイスラエルの孤立と「シオニズムの終焉」

シリアで起きたクーデターによる混乱に乗じた、２０２４年12月のイスラエル軍によるゴラン高原の緩衝地帯への進駐やシリア攻撃などについては、トルコやアラブ・イスラム諸国から強い非難の声が上がっている。

インドの「タイムス・オブ・インディア」紙は、「トルコのエルドアン大統領のスピーチ・ライブ：トルコ大統領はイスラエルのゴラン高原占領についてイスラエルに宣戦布告する?・(Erdogan Speech LIVE: Turkish President Declares War Against Israel Over Syria's Golan Occupation?)という動画を12月11日にYouTubeで公開した。その中でエルドアン大統領は、「今後シリアが分裂することを許すわけにはいかない。我々はシリアが再び紛争地域になることにはまったく同意できない」と述べ、トルコ外務省は、「シリア国民が長年望んできた平和と安定を達成する可能性が浮上したこの微妙な時期に、イスラエルは再びその占領的な精神を露わにしている」と声明で語っている。イスラエル軍のシリアへの侵入は1973年の10月戦争以来のことだ。イスラエルの戦車はダマスカス南西25キロのカタナにまで到達した。12月10日、国連シリア特使もイスラエルに対し、シリア国内での軍事移動と爆撃を停止するよう求めた。

米国はイスラエルのゴラン高原占領を擁護するものの、イスラエルの国際的孤立はいっそう明らかになっている。イギリス・エクセター大学教授のイラン・パペは、シオニズムが終焉を迎える一つの要因として国際的孤立を挙げている。ネタニヤフ首相はICCによる逮捕状の発行なども無視し続けているが、こういった国際的な非難を軽視し続けることは、イスラエルの将来に暗い影を落とすことになる。

第6章

揺れる米国と
イスラエルの特殊関係

2023年10月18日、米国・ワシントンDCで行われたガザ反戦デモにて、イスラエル大使館前で抗議する人々　写真提供：Middle East Images／ABACA／共同通信イメージズ

イスラエル・ロビーと福音派

米国・イスラエルの間には安全保障条約が存在していないにもかかわらず、条約を結んで同盟関係にある、ほかのどの二国間関係よりも緊密である。

米国は、国際社会で孤立するイスラエルに対して、国連総会や安全保障理事会などでイスラエルに対する非難決議が出されるたびに、拒否権を行使したり、反対票を投じたり、あるいは棄権に回ったりする。米国がイスラエル寄りの政策をとるのはイスラエル・ロビー（圧力団体）の影響力が大きい。イスラエル・ロビーは親イスラエルの大統領候補、議員などに多額の献金を行ったり、あるいは反イスラエルの候補者を落選させたりするための工作を行い、その対立候補に重点的に選挙資金を献金してきた。米国のイスラエル・ロビーは、イスラエルの政権の性格に関わりなく、イスラエルの安全保障政策やイスラエルによる戦争を支えてきた。

他方、米国のユダヤ人の中にもリベラルな「Ｊストリート」のようなイスラエル・パレスチナ和平を推進するロビーも現れ、イスラエルに批判的な活動も行うようになった。米国のユダヤ社会は一枚岩となってイスラエルを支持しているわけではない。

また、米国人口の25％とも推計される福音派は、聖書の記述を忠実に解釈するキリスト教の保守派で、人工妊娠中絶や同性婚への反対、親イスラエルの姿勢などで知られる。福音派の人々はエルサレムにユダヤ人が集まれば集まるほど、キリストが暮らしていた頃のパレスチナに近づき、キリストの復活が近くなると本気で考えているため、イスラエルを支持している。

イスラエル国家とエルサレム市の役割は彼らにとって極めて重要で、その考えの中心にあると言っても過言ではない。前千年王国（至福）説（千年至福期前にキリストが再臨するという説）は、米国の多数の保守的なプロテスタントによって共有される考えであり、「千年王国（至福）」とは正義と平和が支配する理想的な世界やユートピアを指す（『世界大百科事典』第２版）。

イギリスでは、１８０９年に「ユダヤ人にキリスト教を広めるロンドン協会（the London Society for Promoting Christianity Amongst the Jews）」が設立されたが、それはイギリスの聖公会（イングランド国教会の系統に属するキリスト教の教派）がイギリスのユダヤ人たちをキリスト教に改宗させ、さらに彼らをパレスチナに送り込んでパレスチナのユダヤ人たちを改宗することを目論んでのものだった。「ロンドン協会」はイギリスの政治家や貴族たちの支援を受けるようになり、１８３８年にイギリス領事館がパレスチナに設置され、また１８４２年にプロイセンと共同でエルサレムに主教区も置かれた。パレスチナ初代主教は、マイケル・ソロモン・アレキサンダーというドイツ人改宗者で、改宗する前はユダヤ教のラビであった。イギリスは農業活動のための土地を購入し、ユダヤ人たちを農業で雇用するための組織を立ち上げていった。

「ロンドン協会」が考えたのは、ユダヤ人たちの生活を保障し、オスマン帝国のユダヤ人たちをパレスチナに集め、そのユダヤ人をキリスト教に改宗させることによって、キリストの時代のパレスチナに似た社会状況をつくり、キリストの復活を早めるというものだった。また、イギリスがパレスチナに影響を及ぼすことは、イギリスの植民地である「インドへの道」も確保するという目的にもかなうものだった。

1866年から68年にかけて同様な考えをする米国の宣教師ジョージ・アダムズ（1811〜80年）をはじめとするモルモン教徒たちが、ユダヤ人たちをキリスト教に改宗させるための植民地を地中海沿岸のパレスチナ・ジャッファに創設した。この事業は、ドイツの「テンプラーズ（Templers）」と呼ばれるプロテスタントの集団によって継承されていったが、「テンプラーズ」は、パレスチナはキリストが再臨する土地と信じていた。

これらの考えは現在の米国の福音派の考えとして受け継がれ、福音派はトランプ前大統領の重要な支持基盤となり、米国大使館をエルサレムに移転したり、シリアのゴラン高原にイスラエルの主権を認めたりするなどのトランプ政権によるイスラエル偏重の政策に大きな影響を及ぼした。イスラエルによるパレスチナ人への人権侵害や、パレスチナ人たちがイスラエル領にある父祖伝来の土地に帰還できない背景には、キリストの再臨を待望するという米国の狂信的なキリスト教徒たちのエゴも重大な影響を及ぼしている。

しかし、2023年10月7日のハマスの奇襲攻撃を契機にするガザ戦争以後は、米国のユダヤ人の中でも、多数のガザ市民の殺害をもたらすネタニヤフ政権によるガザ攻撃を非難する声が高まっている。

たとえば、ヴェネツィア国際映画祭で新人監督賞を受賞したユダヤ系米国人の映画監督サラ・フリードランド監督（1992年生まれ）は2024年9月7日、自らの新人監督賞をガザに捧げることを明らかにし、「イスラエルによるガザ虐殺から336日目、占領76年を迎えるにあたり、この賞は私に与えられました。私はパレスチナ人の解放運動に連帯します」と授賞式の会場で多くの聴衆を前に語っている。

バイデン大統領の顔をつぶすネタニヤフ首相

2024年8月1日、米国のバイデン大統領と電話会談したネタニヤフ首相は、バイデン大統領がハマスとの取引にいますぐ応じるべきだと求めると、交渉を進めていると切り返したという。これにはバイデン大統領も激怒し、「デタラメを言うな（Stop bullshitting me）!」「米国の大統領を甘く見るな（Don't take the president for granted.）」と反発したとイスラエルの「ハアレツ」紙などが報じている。ハマス側の交渉の最高責任者であるハニヤ最高指導者を殺害したことに見られるように、戦争を長引かせることによって首相職にとどまり拘禁を免れたいネタニヤフ首相は人質解放交渉に重大な関心をもっておらず、さらにイランやヒズボラなどに戦火を拡大させ、首相職を継続させたい意向だ。

言うまでもなく、ヨルダン川西岸とガザはパレスチナ人の土地であり、イスラエルの主権はこれらの地域で国際法上認められるものではない。イスラエルがヨルダン川以西の土地をすべて支配することは、パレスチナ人が民族自決権を行使し、パレスチナ国家建設を行うための前提を奪うことになる。土地、つまり領土がなければ国家は成立しない。ネタニヤフ首相はパレスチナ国家建設を認めることを促すバイデン政権に妥協しない姿勢をあらためて明らかにした。

ネタニヤフ首相はイスラエルがヨルダン川から地中海に至る地域（ヨルダン川以西の土地）すべてを支配すると常々口にしている。

ネタニヤフ首相は、「イスラエルがガザ戦争で完全に勝利するにはハマスに捕らわれた人質の帰還、ガザの武装解除、ガザへの人や物資の出入りに対する治安のための監視が必要だ」と語っており、彼は「目標を達成する前に戦争を終わらせることは、何世代にもわたってイスラエルの安全を損なうことになる」とも述べている。彼はその戦いのためには数カ月が必要で、そのための予算を確保し、また人質の解放のためには軍事的圧力が必要だと話している。

米国のバイデン大統領もネタニヤフ首相の非妥協的な姿勢に苛立っていることが伝えられたが、それは強硬なイスラエルの攻撃を擁護しているという批判が大統領に集まるからだ。２０２４年１月13日の首都ワシントンＤＣのデモでは40万人が即時停戦と、バイデン大統領がジェノサイドをほう助していることが訴えられた。グレッチェン・ホイットマー・ミシガン州知事は、バイデン大統領はミシガン州のような選挙のカギを握る州でムスリムやアラブ票を失うという懸念を表明した。

ガザ戦争が始まってからネタニヤフ首相が人質の解放に成功しない限り、イスラエルで総選挙が近々行われれば、ネタニヤフ首相の連立政権が終わることを多くのイスラエル人が予想している。イスラエル民主主義研究所（ＩＤＩ）が２０２３年12月25日から28日にかけて実施した世論調査では、人質を取り戻す最善の方法について、軍事攻撃の継続と答えた割合は56%、戦闘終了後にネタニヤフ首相の続投を望む声は15%にとどまった。

つまり、安定しているかのように見えるネタニヤフ政権は、戦争ありきのものと考えられる。この数字の低さもネタニヤフ首相が権力の座に執着するための戦争を継続せざるを得ない背景となっている。政権内の極右閣僚たちがガザの再占領を唱え、ガザ戦争の継続を望んでいることは、戦争によって逮捕・拘留を免れたいネタニヤフ首相にとっても好都合なことなのである。

退陣するバイデン大統領とジョンソン政権の相似性

米国のバイデン大統領は2024年7月21日、次期大統領選挙に出馬しない意向を明らかにした。その1カ月近く前の6月27日に行われたドナルド・トランプとのディベートには明らかに「老い」が感じられるところがあり、次の4年の任期は厳しいという圧力が民主党内から強まっていた。バイデン政権はパレスチナ問題の二国家解決を訴えてきたが、イスラエルは国会が2024年7月17日にパレスチナ国家を認めない決議を行っている。

米国は、バイデン政権を含めてパレスチナ国家はイスラエルの同意があって初めて樹立できると長年主張してきた。しかし、イスラエルがパレスチナ国家はあり得ないと決めつけているのであれば、この米国の原則はまったく空虚なものだ。

パレスチナ国家が成立すれば、イスラエルがパレスチナの土地を簒奪《さんだつ》しにくくなることは言うまでもない。パレスチナがイスラエル支配の下に置かれている現在の状況が、イスラエルによるパレスチナ人の土地の収奪を許している。パレスチナが国家になって主権をもてば、イスラエルがパレスチナ国家の領土となるヨルダン川西岸のパレスチナ人の土地を奪うことにも躊躇《ちゅうちょ》が生まれ、またイスラエルの入植地拡大についても国際社会の批判がいっそう高まることだろう。

パレスチナがいつまでもイスラエル支配の下に置かれたままでは、土地を含めたパレスチナ人の財産はイスラエルの意のままにされる。イスラエルによるアパルトヘイトや民族浄化、占領地における入植地の拡大が続き、イスラエルの極右が主張するように、すべてのパレスチナ人が追放されることもあり得る。国際司法裁判所がイスラエルによる占領や入植地拡大が不当という勧告的意見を出したのだから、日本もパレスチナ国家承認に何の障害もないはずで、外交的主体性を見せる時だ。

バイデン政権など米国の歴代政権が「二国家解決」を訴える中でもイスラエルは入植地の

拡大を続け、米国はそれを黙認し続けてきた。「二国家解決」は米国がイスラエルによる不当な入植地拡大を事実上認める中でその隠れ蓑《みの》ともなってきた。

再選を断念した大統領と言えば、ケネディ大統領の後を継いだジョンソン大統領（在任1963～69年）がいる。このジョンソン氏とバイデン氏の共通項と言えば、米国の大学に反戦運動をもたらしたことだ。ジョンソン政権は1964年からベトナムに本格的に介入するようになったが、米兵の犠牲者の増加とともに、戦争に賛成する世論も少なくなり、1967年半ばの世論調査では50％以下の人々が戦争を肯定するにすぎなくなった。

他方、北ベトナムでは、米国や南ベトナムに対して決定的な打撃を与えることが計画されるようになった。1968年のベトナムの旧正月（テト）に合わせて一斉攻撃が行われた。北ベトナム軍と民族解放戦線は、南ベトナム全土44州のうち36の州都で一斉に攻撃を行い、また25余りの米軍の空軍基地などの軍事拠点を襲った。フエの半分は北ベトナムや民族解放戦線の軍隊によって占拠され、その占拠は3週間以上続いた。民族解放戦線や北ベトナム軍が占拠を続けた都市はフエを除いてはなかったが、このテト攻勢が米国内に与えた心理的衝撃は大きかった。ジョンソン政権に対するメディアや政治家たちの批判はいっきょに増大していった。

国内の反戦ムードを受けて、ジョンソン大統領は、同年3月31日に北爆の停止を発表し、戦争の段階的縮小の考えを明らかにした。米国は戦争終結のための会議に代表を送る用意があること、また次期大統領選挙に出馬しない意向もジョンソン大統領は表明した。その3日後に北ベトナム政府も米国と和平会議を行う準備があるという声明を出し、5月13日にパリで和平会議が始まった。

このジョンソンと同様に、バイデン大統領が不人気になったのはイスラエルのガザ攻撃に協力したことによってだった。米国は2023年10月7日にハマスがイスラエルを攻撃すると、バイデン政権は11月末までに1万5000発の爆弾と5万7000発の砲弾をイスラエルに供与し、さらにBLU－109「バンカー・バスター」や巨大な5000ポンドのGBU－28「バンカー・バスター」などありとあらゆる種類や規模の爆弾を提供し、それがガザ市民の多数の犠牲をもたらし、イスラエルのガザ攻撃をいっそう悲惨なものにした。

米国の大学生たちのガザとの連帯を図る運動は、バイデン政権のイスラエルへの武器供与の姿勢に疑問を投げかけるもので、米国のイスラエル偏重の外交や、米国政治を支配してきた軍産複合体体質に学生たちは反発の声を上げるようになり、ガザの人道危機に対する米国政府の無策を強く非難するようになった。

ウクライナ侵攻を非難して、ガザ攻撃を支援する米国

米国は2022年2月24日にロシアがウクライナに侵攻すると、国連憲章など国際法に違反するとして、ロシアの石油やガスをボイコットし、欧米にあるロシア人の資産を凍結、ロシアを「パーリア国家（国際社会から孤立している嫌われ者国家）」にした。ロシアはウクライナに対してミサイルやドローンによる無差別攻撃を行ってきたが、こうした無差別攻撃が国際法に違反するものであることは言うまでもない。

米国のブリンケン国務長官は、ロシアのウクライナ侵攻から一年経った2023年2月24日、国連安保理でまるでペルシアの四行詩集のように次のような言葉で演説を結んだ。

No seizing land by force.（武力による土地の獲得をしてはならない）
No erasing another country's borders.（他国の境界を消し去ってはならない）
No targeting civilians in war.（市民を標的にしてはならない）
No wars of aggression.（侵略戦争はあってはならない）

ブリンケン国務長官は「ロシアの残虐行為を連日目にすると、その恐ろしさに麻痺し、ショックや怒りを感じる能力を失いがちです。しかし、ロシアが犯している犯罪を私たちの新たな常態にすることは決してできません。ブチャはノーマルではありません。マリウポリはノーマルではない。イルピンもノーマルではありません。学校や病院、アパートの建物を爆破して瓦礫にすることもまたノーマルなことではありません」と語った。

確かにロシアは国際法を破り、ウクライナの領土を侵犯し、ウクライナ市民を殺害した。しかし、そのロシアを非難した米国は２０２３年12月８日に国連安保理でアラブ首長国連邦が提出したイスラエルとハマスの即時停戦決議案に拒否権を行使して否決し、イスラエルのガザでの戦争犯罪をさらに助長することになった。

イスラエルは１９６７年の第三次中東戦争によってヨルダン川西岸、東エルサレムとガザ、ゴラン高原を占領し、イスラエルはヨルダン川西岸とイスラエルの境界を消し去り、ヨルダン川西岸に不当な入植地を建設し続けている。直前のブリンケン国務長官の四行のコメントでしてはならないと言ったいずれのこともイスラエルは行っている。イスラエルは２０２３年10月７日以来、ガザ地区のパレスチナ住民４万３７００人余りを殺害し、その半数以上が女性や子どもたちと見られている（２０２４年11月15日現在）。ガザの市民に犠牲が多いのは、イスラエルが病院、学校、難民キャンプ、アパート、モスクなど市民が生活したり、活動したりする場所を無差別に攻撃するからだ。

ロシアが2022年2月24日から2023年9月10日までにウクライナで殺害した市民は9614人で、イスラエルは同様な数の人々をわずか2カ月の間に殺害している。また、ロシア軍による攻撃で亡くなった子どもの犠牲者は侵攻が始まった2022年2月から2024年3月中旬までの間に535人だったが、それに対してイスラエルは2023年10月7日から2024年3月上旬までに1万3430人のガザの子どもたちを殺害した。にもかかわらず、G7諸国などはロシアや、ロシアに協力するベラルーシを強く非難し、イスラエルへの非難はロシアほど強いものではない。

ガザでの「ジェノサイド」に反対する米国の大学生たち

ガザ戦争以来、米国の学生たちは大学が軍需産業からの投資撤退（divest）を求め、ガザの避難民たちと同様にテント生活を送ることで、米国とイスラエルの軍事協力に対する抗議の意思をアピールしている。ブラウン大学、ノースウェスタン大学、エバーグリーン州立大学、ラトガース大学、ミネソタ大学、ウィスコンシン大学などでは、大学当局から投資撤退を検討するという言質を引き出すのに成功している。

ガザでの大量虐殺は、若者たちに、米国の戦争協力に対する疑問の声を上げさせた。これはアフガニスタン戦争やイラク戦争でも見られなかったほどの盛り上がりとなったが、米国の政治社会は１９６１年のアイゼンハワー大統領の退任演説で軍産複合体の不当な影響力の行使に警鐘を鳴らし、またキング牧師が１９６７年に米国政府を「世界最大の暴力の提供者」と呼んだ時から何ら変化していないようだ。

米国の大学生たちなど若者は、パレスチナにおける虐殺の停止を求めるだけでなく、米国が軍産複合体（企業に加えて議会やメディア、シンクタンクなども一体となっている）体質から脱却し、自らが払う授業料がイスラエルの戦費にならないことを求めている。

米国はイスラエルがガザ攻撃に使用する輸入兵器の70％を提供する国である。イスラエルがガザ住民に爆弾を投下する主力戦闘機のF―16は米国のサウスカロライナ州グリーンビルのロッキード・マーティン社が製造している。イスラエルはこのF―16を２２４機保有し、ガザ、レバノン、シリア空爆に投入してきた。また、イスラエルはF―16よりも重量のある爆弾を搭載可能なボーイングF―15を86機保有し、さらに核兵器も搭載可能なロッキード・マーティン社のF―35を39機保有し、さらに36機発注している。F―35の部品は、イスラエルや日本など米国の同盟国で製造されている。

米国の学生たちのガザとの連帯を図る運動は、イスラエルのガザ攻撃によって米国のイスラエルに偏重する外交の矛盾とともに、米国政治を支配してきた軍産複合体体質に疑問の声を上げ、大学がボーイング、ロッキード・マーティン、ジェネラル・ダイナミクス、ノースロップ・グラマンなどの軍需産業との取引を放棄し、関係を断たなければならないことを訴えている。また、大学当局が兵器製造業者との関係を、戦争や兵器のない未来に向けて活動する企業との経済関係に変えるべきだと主張するようになった。このような若い人びとの声に米国のあらゆる世代が耳を傾ければ、米国はキング牧師が形容したような「世界最大の暴力の提供者」としての体質から脱却し、世界は米国の戦争経済の被害からようやく免れることができるだろう。

米国によるイスラエルへの経済支援のほとんどは米国製の兵器の購入に用いられている。米国の軍産複合体や米国内のイスラエル・ロビーがこれらの武器提供を促し、イスラエルとパレスチナ人との間のオスロ合意（1993年）の破棄を求めたりしている。こうした主張をもったシンクタンクに、アメリカンエンタープライズ公共政策研究所（AEI）や、ワシントン近東政策研究所、国家安全保障ユダヤ研究所（JINSA）、安全保障政策センター（C

ＳＰ）などがある。

これらのシンクタンクは、イスラエルがヨルダン川西岸とガザを再び占領し、イスラエルの安全保障にとって都合のよい戦略的環境を中東に構築することを目指しており、過去にはイラクのサダム・フセインを軍事的に排除することを主張したが、それがイラク戦争につながった。

米国はイスラエルに毎年１５０億ドル（およそ2兆２０００億円近く）にのぼる軍事支援を行うが、イスラエルは、ほかの中東諸国とは異なって米国の最新鋭の兵器を獲得できる。戦争など中東の大動乱は米国の軍産複合体や親イスラエル・ロビーに都合よく機能し、莫大な利益を生んでいる。イスラエルは米国から多額の経済・軍事援助を引き出しつつ、軍産複合体はイスラエルに大量の兵器を売却することができ、イスラエルの軍事費は国家予算の30％に上る。

米国政府はイスラエルが米国の中東における利益を守り、イスラエルに米国製兵器を移転して軍事的優位を築くことが中東に平和をもたらすと考えている。しかし、イスラエルは数次にわたる中東戦争を行い、また２０２３年10月からの戦闘のように、米国製兵器でガザ地区への攻撃を繰り返しており、米国の学生たちが声を上げ始めたことで、状況は変わっていく可能性がある。

大学でのガザ反戦運動を支持するバーニー・サンダース

イスラエルのネタニヤフ首相は2024年4月24日、ビデオ・メッセージを出し、ガザの即時停戦やイスラエル関連企業からの投資撤収を求める米国の学生たちを「反ユダヤ主義の暴徒」と決めつけ、ユダヤ人の学生や教職員を攻撃していると非難した。また「これは1930年代にドイツの大学で起こったことを思い出させ、不謹慎なものだ。止めさせなければならない」と述べた。

これに対して米国のユダヤ系のバーニー・サンダース上院議員は翌日の4月25日、ネタニヤフ首相こそ過激な人種主義政府のトップであり、学生たちの抗議運動は「反ユダヤ主義」ではないと反論し、「いいえ、ネタニヤフ首相、あなたの過激主義の政府が半年余りの間に3万4000人のパレスチナ人を殺害し、7万7000人以上が負傷し、その70%が女性と子どもであることを指摘するのは、反ユダヤ主義でも親ハマスでもない。あなたが判断した爆撃によりガザ地区の22万1000戸以上の住宅が完全に破壊され、人口のほぼ半数に当たる100万人以上がホームレスになったと指摘するのは反ユダヤ主義では決してない」と述べた。

さらに、サンダース議員は、イスラエル政府が電気、水道、下水といったガザの社会インフラを破壊し、イスラエル軍の攻撃によって26の病院が機能停止になり、400人以上の医療従事者を死亡させ、ガザの医療システムを崩壊させたことを批判するのは、反ユダヤ主義ではないと指摘した。また、イスラエル政府がガザへの人道援助を不当に阻止し、数十万人の子どもたちが栄養失調と飢餓に直面している状況をつくり出していると大多数の人道支援の団体が主張することに同調し、イスラエルを非難することは反ユダヤ主義ではないとも語った。ネタニヤフ首相が「反ユダヤ主義」という言葉を使ってイスラエルの過激で人種差別的な、不道徳で違法な戦争から米国民の目をそらし、米国民の知性を侮辱することがないようにともサンダース議員は訴えている。

サンダース議員は、米国の中東政策やイスラエルの戦争について様々な苦言を呈《てい》して、戦争に反対する米国政界の良心を表してきた。2003年のイラク開戦にも強く反対し、2011年には米軍はアフガニスタンから完全に撤退すべきだと主張した。シリア、イラク問題については米国が「イスラム国」（IS）を攻撃すべきではないと主張し、その政治的解決をも説いた。またオバマ大統領がシリアの「穏健」な5000人の武装勢力に訓練を施し、武器・弾薬を供与したことにも、それらが過激な武装集団に移転される可能性があるために戦術的な誤りであると反対した。

２０１４年のイスラエルによるガザ攻撃についても激しい反対の声を上げ、イスラエル・パレスチナの二国家案こそが和平をもたらすことができると述べている。また、パレスチナ側も暴力的クループを取り締まり、武装集団を解体すること、他方、イスラエルにもパレスチナ人に対する標的殺害（危険人物の暗殺）をやめ、ヨルダン川西岸での入植地拡大の停止、パレスチナ人の家屋、産業インフラを破壊しないことを求めてきた。

米国の若者たちから絶大な支持を受け、ネタニヤフ首相を非難するサンダース議員の主張や姿勢はごく理性的なもので、彼の主張が米国などの学生たちのガザ戦争への抗議活動とともに力を得れば、米国の中東政策にも肯定的な変化をもたらすことがあり得る。

２０２４年6月18日には、イスラエルのネタニヤフ首相がガザでの戦争に米国が武器・弾薬をイスラエルにさらに供給すべきだと主張したことに対して、サンダース議員は次のようなメッセージを発表している。

「今日、イスラエルのネタニヤフ首相は、米国が必要な迅速さをもって爆弾をイスラエルに提供しなかったというビデオを公開しました。疑いなく、彼が7月24日に米議会でスピーチする時にも同様の不満が聞かれることになるでしょう。

誰もが、テロリズムから自国を防衛する権利、１２００人の無辜のイスラエル人を殺害し、何百人もの人質をとった恐ろしい10月７日のハマスの攻撃に対するイスラエルの自衛の権利を認めています。しかし、イスラエル政府は、パレスチナ人全体に対して戦争をする権利をもっていませんし、現在ももち合わせていません。しかし、それはまさに現在起こっていることです。

はっきりさせておきたいのは、右翼の過激派ネタニヤフ政権は、３万７０００人以上のパレスチナ人を殺害し、８万５０００人近くを負傷させており、その60％が女性、子ども、高齢者です。

１８０万人近くが家を追われ、ガザ地区の住宅の60％以上が損害を受けたり、破壊されたりしました。上下水道などの民間インフラが壊滅的な打撃を受けました。今日、異常に高い気温にもかかわらず、ガザには事実上電気が通っていません。医療制度は崩壊し、19の病院が活動を停止し、４００人以上の医療従事者が殺害されました。教育制度も壊滅状態となり、全校舎の88％が損害を受け、ガザの12の大学すべてが爆撃され、62万５０００人の生徒・学生たちが教育を受けられなくなりました」（https://www.sanders.senate.gov/press-releases/newssanders-responds-to-netanyahus-calls-for-more-u-s-weapons-no-more-bombs-for-netanyahu/)

サンダース議員のこの声明はガザでのイスラエル軍の人権侵害、戦争犯罪、ジェノサイドの実態を正確に表現している。米国・イスラエルの外交関係は合理的なものでなければならないという主張は、米国の大学で学生たちが主張することを代弁するものでもあった。

停戦を求める米国のユダヤ人

米国首都ワシントンでは２０２３年10月18日、イスラエルとイスラム組織ハマスの停戦を要求するユダヤ人たちが、連邦議会の事務所が入るキャノンハウス・オフィスビルの中で抗議デモを行った。彼らが掲げたスローガンには「我々の血は同じ色だ」「シオニズムは人種主義」「ユダヤ人の名前で戦争をするな」「ユダヤ人は停戦をいますぐ求める」などの書き込みが見られた。

これらのスローガンに見られるように、米国のユダヤ人たちがすべてシオニズムを支持しているわけではなく、むしろシオニズムとは距離を置いている人たちもいる。キャノンハウス・オフィスビルでは４００人のユダヤ人と25人のラビが座り込みを行った。現在の米国のユダヤ人には、１８８０年代から１９２４年までの間に米国にやってきた人々の子孫が多い。

この時代のユダヤ人移民たちはシオニズムにはほとんど関心がなかった。ポーランド、ウクライナ、ハンガリーを離れるユダヤ人たちの多くは米国、ラテンアメリカ諸国、西ヨーロッパに移住した。

シオニズムがユダヤ人に強い影響があったのは、1880年代、90年代だが、米国のユダヤ人の中でその頃にシオニズムに傾倒するのはほんのわずかな人々であった。米国のユダヤ人がシオニズムに関心をもつようになったのは、ナチス・ドイツのホロコーストがあってからのことだ。特に1950年代、60年代には米国のユダヤ系社会はイスラエルに関心を抱くようになり、米国のユダヤ人たちが経済的に豊かになったこともあって、イスラエルへの献金も増加した。「米国・イスラエル公共問題委員会（AIPAC）」のようなイスラエル・ロビーは米国の政界に絶大な力をもつようになり、米国の政治家たちはこうした圧力団体の意向に逆らうことができなくなっていった。

しかし、近年では繰り返されるイスラエルのガザ攻撃を見て、イスラエルへの批判が特に若い世代のユダヤ人の間で広がっている。冒頭のキャノンハウス・オフィスビルで座り込みを行うようなユダヤ系の平和活動団体「平和のためのユダヤ人の声（JVP：Jewish Voice for Peace）」などの活動が顕著に見られるようになっている。米国のユダヤ系社会の中でこうした平和団体の活動は20年前だったら想像もできなかったほどで、これらの組織が米国のパレスチナ政策に公平な姿勢をもたらすことも期待できる。

「米国のユダヤ人は人種的平等から人工中絶の権利まで社会正義の訴えの先頭に立ってきたが、しかしアパルトヘイト体制を生み出したイスラエルの長年にわたる占領に対して見て見ぬふりをしてきた」（「The Elephant in the Room〔見て見ぬふりをすること〕」と題する声明文の一部）

この声明には1000人以上の米国やイスラエルのユダヤ系の学者、芸術家などが署名した。米国のユダヤ人の中にはノーム・チョムスキー、ジュディス・バトラー、バーニー・サンダースなどリベラルな言動で著名な人々がいるが、彼らの発言や運動についても、大きなうねりとなってパレスチナ問題などに肯定的な変化をもたらす可能性がある。

トランプに1億ドルを献金する米国のカジノ王夫人

ガザのパレスチナ人住民に共感を寄せるこうしたサンダース議員らのユダヤ人や学生たちの運動がある一方で、米国には親イスラエルの感情を強くもつ富裕層の影響力がある。ユダヤ系米国人のカジノ王シェルドン・アデルソンは、2016年のドナルド・トランプの大統領選挙活動に9000万ドルを献金し、その見返りとして米国大使館をテルアビブからエルサレムに移転させた。

シェルドン・アデルソンは２０２１年に亡くなったが、その夫人ミリアム・アデルソンは少なくとも1億ドルの寄付をドナルド・トランプ陣営に行い、その見返りとしてイスラエルによるヨルダン川西岸併合を求めている。選挙資金や裁判費用が足りないトランプは、公約の安売りをすることによって、寄付を募るようになったとイスラエルの「ハアレツ」紙も書いている（２０２４年6月3日付）。こうした献金は米国民主主義の著しく腐敗した一面を示している。

米国の親イスラエル勢力の多額の寄付を得たトランプは、その政権時代、イラン核合意からの離脱、イスラエルの敵であるイランに最大限の制裁を科し、またイスラエルの入植地拡大を支持、パレスチナ人に対する米国の援助を削減、さらにシリアのゴラン高原の主権をイスラエルに認めた。親イスラエルの富裕層の献金の見返りに国際法や国際合意に違反する行為も平気で行った。トランプは即時停戦や軍需産業からの投資撤退を求める米国の学生たちの運動を過激派革命の一部と形容し、「打ち負かしてやる」と公言している。

大統領選への影響

カマラ・ハリス副大統領を大統領候補として公認する米民主党大会がシカゴで2024年8月19日から22日にかけて開かれた。シカゴは米国のパレスチナ人コミュニティの拠点の一つで、多くのパレスチナ系の人々が暮らしている。そのため、イスラエルのガザ攻撃を支援してきた民主党が党大会をシカゴで開催することに違和感をもつパレスチナ系の住民たちも少なからずいた。

全米各地で学生による抗議運動があったように、米国では特にZ世代と呼ばれる若年層を中心に、米国のイスラエル支持の姿勢に疑問を感じる人々が増加しているが、米国は1980年代に南アフリカのアパルトヘイト打倒運動の中心になり、また2020年にBLM(Black Lives Matter：黒人の命は大事だ)の運動が広がった国で、人権問題に特に注意を払ってきた国だ。

バイデン政権のイスラエル政策を批判する人々の中には、ハリス副大統領にもその支援の責任があり、「共犯」という表現を使う人々もいた。ハリス副大統領は、停戦を訴えたものの、イスラエルへの武器供与については口を閉ざしたままだった。民主党支持層にもイスラエルへの武器供与を肯定するユダヤ系の人々もいるし、大口の政治献金を行う親イスラエル・ロビー「米国・イスラエル公共問題委員会」などの活動もある。ハリスはこうした米国内の親イスラエル勢力も無視できなかった。

米国ではイスラエルを支援するバイデン大統領に対して「バイデンを見捨てろ（Abandon Biden）」運動が起きたが、この運動はハリスが民主党の大統領候補になろうとすると「ハリスを見捨てろ」に発展した。運動の指導者たちはイスラエルに武器を提供するガザのジェノサイドの主体であり、武器禁輸の求めに応じようとしないハリスに投票しないよう呼びかけた。こうした運動は、当然のことながらハリスよりもイスラエル寄りのトランプ前大統領を支持することはなく、ハリス、トランプ以外の候補への投票につながった。「バイデンを見捨てろ」運動は２０２３年12月にアラブ系市民の有力者を中心に生まれたもので、バイデン大統領に期限を設けて停戦を実現するようにイスラエルに圧力を加えるように要求したものの、何の返答もなかったことを契機に生まれた。

ハリス陣営はイスラエルへの武器禁輸を支持することはないと明言しており、「ハリスを見捨てろ」運動は、ハリス陣営がパレスチナ人への支援策をまったくとっていないと考え、ガザのジェノサイドに加担していると見ていた。

米国のイスラエルに対する何十億ドルもの軍事援助は、パレスチナ人の人権を否定するイスラエルの軍事行動をいっそう強化するものだ。イスラエルのガザ攻撃は「正義」とは真逆なもので、圧倒的に優位な軍事力を行使し、民間人の犠牲の回避を怠り、公正な和平の実現という目標もまったく持っていないように見える。

多数の市民の犠牲を伴う軍事力を行使し、またガザ市民への食料提供を大きく制限することは「ジェノサイド」という形容がふさわしいもので、大学、学校、モスク、教会、病院を破壊することはパレスチナ人たちから社会的・文化的生活をはく奪することになっている。米国政府はハマスをテロリストとする一方で、パレスチナ人の土地を奪い、パレスチナ人に不当に暴力を行使するイスラエルの極右入植者たちにそれと同様な形容を、与えていない。ハリス候補には従来の米国の政策とは異なる公平な方針をとることが求められていたが、ガザでの和平やイスラエルへの武器禁輸を求める動きが大統領選挙のキャンペーンでも無視できなくなったことは米国の好ましい変化と言えるものだった。

「超」親イスラエルのトランプ大統領の再登板

2024年11月、米国大統領選挙でのトランプ当選が決まった。このニュースに満面の笑みを浮かべたのはイスラエルのネタニヤフ首相だった。トランプが大統領ならネタニヤフ政権のガザやレバノンなど周辺諸国への拡張主義的戦争に干渉せず、またイランとの戦争についてもトランプ政権なら米国がパートナーとなり得るからだ。

米国大統領選挙の当日の11月5日には、ネタニヤフ首相はガラント国防相を解任している。ガラント国防相は、ガザの将来についてイスラエルが占領を継続することに懐疑的で、ガザへのイスラエルの再入植を考えるネタニヤフ首相や、政権内部の極右閣僚であるベングビール国家治安相やスモトリッチ財務相と対立していた。

イスラエル人がビーチに家をもつことも夢ではないなどのスローガンが2023年12月末の右派勢力の集会では唱えられており、この「ビーチ」とはガザのビーチのことを示している。トランプの娘婿のジャレッド・クシュナーはこのアイデアに飛びつき、「大変貴重な水辺の不動産」などと発言するなど、ガザの不動産開発を考えている。

2024年5月にイスラエルの「エルサレム・ポスト」紙はネタニヤフ首相の戦後ガザ地区に関する構想「ガザ2035」を発表した。その構想を表すガザの未来図の中には緑地の中に立つ高層ビル群、ガザ沖合には貿易に使用される船舶が停泊している。2000年代に頭角を現し、世界の貿易、交通のハブとなったアラブ首長国連邦のドバイを彷彿とさせるものだった。その構想が書かれた文書には「ゼロからの再建」が強調されている。その言葉にはネタニヤフ首相のガザに関する目標、つまりガザを徹底的に破壊し、その後に新しい都市をゼロから設計するという目標が公然と述べられていた。

スモトリッチ財務相は、米国大統領選挙でトランプが当選したことを受けて、ヨルダン川西岸併合を準備するようにイスラエル財務省に命じた。スモトリッチ財務相は、「宗教シオニズム」の集会でスピーチを行い、トランプの勝利は「重要な機会」を提供し、ヨルダン川西岸に「イスラエルの主権を適用する時が来た」と述べた。スモトリッチは、ヨルダン川西岸を併合するために必要なインフラを準備する仕事を始めるように指示を出した。

大統領選挙当選後、トランプは元アーカンソー州知事のマイク・ハッカビーを駐イスラエル大使に指名している。ハッカビーは「パレスチナ人は存在しない」と発言してきたエキセントリックなキリスト教福音派の指導者だ。1996年から2007年までアーカンソー州知事を務め、2008年と2016年に共和党の大統領候補の指名争いに出馬したことがある。アーカンソー州知事になる前は福音派の牧師だった。ハッカビーはヨルダン川西岸とガザのイスラエルへの併合を長年にわたって訴えてきた人物だ。「ヨルダン川西岸」のことをヘブライ語の「ユダヤ・サマリア」と呼ぶように訴え、パレスチナ全域でユダヤ人が少数派にならないように、ユダヤ人を「祖国」に呼び寄せるべきだと語っている。

トランプは「マイクは長年にわたり、偉大な公務員、知事、そして信仰の指導者だった。彼はイスラエルとイスラエルの人々を愛しており、同様にイスラエルの人々も彼を愛している。マイクは中東に平和をもたらすためにたゆまぬ努力をしてくれるだろう」とハッカビーについて語った。トランプの視野にはパレスチナ人は存在せず、イスラエルしか見ていないようだ。それで中東和平など実現するはずがない。

ハッカビーはハマスと停戦する理由はないと２０２４年6月に述べ、２０２３年10月にガザ戦争が始まると、パレスチナ人をガザから追放することを主張してきた。彼は「いわゆる『パレスチナ人』がイスラム諸国から愛されているのならば、イスラム諸国はなぜ彼らに一時的な避難場所を与えないのか」と述べたこともある。ハッカビーは米国の福音派教徒がイスラエルに旅行するツアーを組織してきたが、そのツアーのパンフレットには「聖書と歴史の両方の観点からイスラエルの伝統について学びます。イスラエルの高官から、イスラエルが現在占めている戦略的地位や、なぜ米国がイスラエルにとって貴重な同盟国であるのかについて聞きます」と書かれている。

トランプ政権が推進したイスラエルとアラブ首長国連邦との国交正常化「アブラハム合意」に対する反発が２０２３年10月7日のハマスの奇襲攻撃の一つの背景になったように、

イスラエル一辺倒のトランプ政権の方針はパレスチナ社会をいっそう過激化する危険性を孕《はら》んでいる。トランプの親イスラエル政策は、パレスチナ情勢をいっそう不安定なものにし、さらなるテロや軍事攻撃の応酬など結局イスラエルの安全保障にとってプラスになることはないだろう。

第7章

イスラエル包囲網を築く「抵抗の枢軸」

イランのテヘランで行われた反イスラエルデモに参加する人々　写真提供：Middle East Images／ABACA／共同通信イメージズ

ホメイニ師が唱えた「イスラエルの抹殺」

イランのパフラヴィー王政時代（１９２５～79年）、イランとイスラエルは良好な関係にあった。非アラブのイラン（ペルシア）とイスラエルは、アラブ諸国に対抗するうえで協力関係にすらあった。また、イランからイスラエルへユダヤ人の移住が行われたが、こうしたイラン出身のユダヤ人も両国の懸《か》け橋の役割を果たしていた。現在、イスラエルには20万人から25万人のイラン出身のユダヤ人がいると見積もられている。

イスラエルとイランの蜜月関係が崩れたのは１９７９年のイラン革命だった。イラン革命の指導者であるホメイニ師はイスラムの聖地でもあるエルサレムを占領し、またムスリム同胞のパレスチナ人を殺害するイスラエル国家の抹殺を唱え、「反米」とともに、「イスラエルの抹殺」はイラン革命のシンボルとなった。ホメイニ師は、革命の普遍性を信じ、被抑圧者の救済には革命輸出が有効であると考えた。その「革命輸出」の舞台の中心となったのは、イランと同じ宗派を信仰するレバノンのシーア派住民たちである。１９８２年にイスラエルがＰＬＯの掃討を目的にレバノンに侵攻すると、イランは、イスラエル軍のレバノン侵攻の直後、レバノンに革命防衛隊を派遣した。

第二章で述べたように、イランの影響を受けてシーア派組織ヒズボラが成立し、革命防衛隊はレバノンでヒズボラなどシーア派の武装集団に軍事訓練を施していった。ヒズボラなどレバノンのシーア派武装集団は「ジハード」の旗の下に活動を行っていたが、これらの組織はイラン革命の思想的影響を受けたり、またイランから武器や資金援助を得たりした。ヒズボラと同様にシーア派の武装組織であるレバノンの「イスラム聖戦」は1983年4月にベイルートの米国大使館を、また同年10月には米海兵隊兵舎に自爆攻撃を行い、それぞれ63人、241人の犠牲者を出し、米軍はレバノンから撤退していった。

ヒズボラは、1982年からレバノン南部を占領していたイスラエル軍に対してゲリラ攻撃を繰り返し、1983年11月4日にレバノン南部のシドンにあったイスラエル軍の軍事施設に対しても自爆攻撃が行われ、67人が亡くなった。こうしたシーア派による自爆攻撃はレバノンにおける多国籍の平和維持活動の枠組みを崩壊させるもので、その背後にイランがいると米国やイスラエルは考えるようになっていた。

ヒズボラの自爆やゲリラ攻撃などに手を焼いたイスラエル軍は結局2000年5月にレバノンから撤退せざるを得なかった。異教徒のイスラエルの軍隊をイスラムの地から撤退させたことは、革命防衛隊やヒズボラからイスラムの偉大な勝利と考えられるようになったが、その後も第2章で紹介したように、ヒズボラはイスラエル北部にロケット弾を撃ち込んだり、イスラエル兵を誘拐したりするなど、イスラエルの安全保障にとって重大な懸念材料となっている。イスラエルは、ヒズボラなどレバノンのシーア派武装集団に支援を与える革命防衛隊を極度に警戒するようになり、革命防衛隊は仇敵ともいえる存在になった。

米国やイスラエルが危険視する革命防衛隊の活動には、クッズ部隊のイラクのシーア派民兵組織、レバノンのヒズボラ、パレスチナのハマスやイスラム聖戦との協力関係のほかに、世界の広範な地域での「テロ活動」がある。1992年3月に発生し、29人の犠牲者を出したブエノスアイレスのイスラエル大使館爆破事件、また1994年3月に起こり、85人が亡くなったアルゼンチン・イスラエル相互協会爆破事件にイランの革命防衛隊が関わっていたとイスラエルと米国は見ている。

イランの核エネルギー開発や核兵器開発も革命防衛隊が推進していると米国やイスラエルは考え、イランが核兵器の保有を行った場合、それは革命防衛隊により管理されるものと見なしている。

イランの台頭を招いたイラク戦争

2003年の米国のイラク戦争は、イランの隣国でライバルであったイラクのサダム・フセイン政権の崩壊をもたらし、イランの地域での影響力は嫌が上にも増していった。イランとイラクは１９８０年から88年にかけてイラン・イラク戦争を戦い、事実上イランの敗戦で終わるなど、サダム・フセインのイラクはイランの安全保障にとって重大な脅威だった。戦争による死者はイランが75万人、イラクが50万人と見積もられ、イランの犠牲が多く、イラクが前線で使用する化学兵器に苦戦した。〔Charles Kurzman,Death Tolls of the Iran-Iraq War〔October 31, 2013〕https://kurzman.unc.edu/death-tolls-of-the-iran-iraq-war/〕

米国は反米を唱えるイランにも重大な警戒を抱いていたが、イラクの大量破壊兵器保有を理由にイラクに軍事介入した。米国がイラクに軍事介入を行ったのは、１９９０〜91年の湾岸戦争で、イラクはイスラエルのテルアビブに弾道ミサイルを撃ち込み、また１９８０年代、サダム・フセインは核兵器開発に関心を寄せていたことなど、イスラエルの安全保障上の脅威になっていたことが大きい。ただし、イラクは米国をはじめ多国籍軍が１９９１年に湾岸戦争でイラクに勝利した際、国連の査察でイラクの核兵器、化学兵器、生物兵器といった大量破壊兵器やその開発・研究施設を破棄されており、実際に大量破壊兵器を保有しているとは考えにくかった。

サダム・フセインはスンニ派の政治家だったが、イラク戦争によるフセインの失脚によって親イランのシーア派勢力がイラク政治の主導権を握ったことはイランにとって好都合だった。このシーア派の政権にとって脅威になったのは、スンニ派の武装集団ＩＳだった。ＩＳは２０１４年にイラクとシリアにまたがるカリフ国家をつくり、それは隣接するイランにとっても脅威となった。

イラクではＩＳが台頭すると、国軍が軍事的に対抗できず、イラク政府は40余りの民兵集団を統合して、「イラク人民動員隊」という15万人の兵力の大きな民兵集団を創設した。この民兵集団に訓練や戦術、情報、武器を提供したのがイランであり、イラン革命防衛隊のガーセム・ソレイマニ司令官は、人民動員隊と協力、連携し、ＩＳとの戦いを指揮していた。

米軍もＩＳを軍事的に制圧するために、イラクの国軍や民兵組織に訓練を施し、ＩＳの拠点を空爆しており、米国とイランは対ＩＳで実質的に共闘関係にあった。しかし、人民動員隊の中の「カターイブ・ヒズボラ（神の党の大隊）」は、親イラン組織で、シリア国内でも活動し、アサド政権を軍事的に支えていたが、レバノンのヒズボラとも連携する姿勢がイスラエルの重大な懸念と考えられるようになり、イスラエルは２０１９年8月にカターイブ・ヒズボラの民兵6人をシリア・イラク国境近くで殺害している。また、トランプ政権はこのカターイブ・ヒズボラの司令官で、人民動員隊の副司令官であるアブー・マフディー・アル＝

ムハンディスをイラン革命防衛隊のソレイマニ司令官とともに２０２０年１月に殺害した。この殺害の背景にはイランに脅威を感ずるネタニヤフ首相の意向があり、それにトランプ大統領が応じたという見方が有力だ。

イスラエルにはイランと全面戦争を行う能力はない

２０２４年７月１日、カターイブ・ヒズボラも加わる親イランの民兵組織「イラクのイスラム抵抗運動（ＩＲＩ）」は、イスラエル南部の港湾都市エイラトに対してドローン攻撃を行ったと発表した。ＩＲＩは、イスラエルの攻撃を受けるガザとの連帯を示すための攻撃であると述べた。ＩＲＩは２０２３年10月にガザでの戦争が始まってからイスラエルや、イラク、シリアの米軍基地に対して攻撃をしかけるようになった。イスラエルに着弾するドローンやミサイルは多くはないと見られるが、その発射回数は増えている。ＩＲＩの中でイスラエルや米軍に攻撃を行っているのはカターイブ・ヒズボラやハラカト・ヒズボラ・アルヌジャバー（高貴なる者の神の党の運動）などの組織だ。

その攻撃目標はイスラエルの港湾に集中しており、イスラエルの経済封鎖を目的にして行われている。カターイブ・ヒズボラはアルカブ巡航ミサイルを使用し、２０２４年４月以降その使用回数は増えたと見られている。

イスラエル軍はガザの攻撃が始まってからシリアへの攻撃も増加させているが、イスラエルが恐れるのは首都ダマスカス近辺で活動する親イランの民兵組織で、イラン大使館領事部の攻撃で殺害されたのは、シリアとレバノンの革命防衛隊クッズ部隊の活動に責任を負うモハンマド・レザー・ザーヘディ准将だった。ザーヘディ准将はクッズ部隊とヒズボラの調整役をしているとイスラエルからは見られ、警戒されていた。

イランはその報復として4月13日から14日にかけてイスラエルに向けて弾道ミサイルやドローンを発射した。これは、4月1日のイスラエルによるものと見られるシリア・ダマスカスのイラン大使館攻撃に対する報復として行われたものだ。イランのイスラエルに対する報復攻撃が指摘される中、12日、米国のバイデン大統領はイランに対して「やめろ（don't）」と警告したが、他方でバイデン大統領はイスラエルによるイラン大使館攻撃を非難することはなかった。

２０２０年１月にイランは革命防衛隊のソレイマニ司令官が米軍の攻撃によって殺害された時もイラクの米軍基地に攻撃の事前通告を行ってからミサイルを発射した。イランは形の上では多分に国民向けに報復する姿勢を見せたいのだろう。ガザ攻撃など徹底的に軍事に訴えるイスラエルの姿勢を見れば、イランの攻撃を受けたイスラエルは本気でイランに報復する可能性が高いが、戦争の勝負の決着をつけるのは困難だ。

イスラエルとイランは地理的に離れているので、イスラエルはイランから攻撃を受けることがあれば、イラン領内へのミサイル・ドローン攻撃、空爆を行うかもしれない。こうした攻撃形態ではイラン政府中枢に決定的な打撃を加えることができず、紛争は長期化する可能性がある。イスラエルは戦争を優位に進めるために、米国を戦争に引きずり込みたいに違いない。だが、一年以上にも及ぶガザ攻撃を行ったイスラエルには戦争のための資源も限られている。

米軍がイスラエルによるイラン戦争に参加したとしても、イランは米軍が戦争でてこずったイラクよりも国土は３・８倍広く、人口もイラクの2倍以上ある。（世銀の２０１７年の統計でイラクは３８２７万人、イランは８１１６万人）米英軍はドナルド・ラムズフェルド米国防長官の構想もあって15万人余りの兵力でイラク戦争を始めたが、それが極めて不十分であったことはイラク戦争後の混乱を見れば明らかだった。

２００３年2月、イラク開戦の直前に日系米国人のエリック・シンセキ陸軍参謀総長は上院軍事委員会の公聴会で、旧ユーゴの紛争などの経験からイラクの戦後処理には80万人の米軍兵力が必要だと証言した。この証言によってシンセキ参謀総長はラムズフェルド国防長官によって更迭されてしまったが、ＩＳの誕生をもたらすなど戦後イラクの無秩序状態を見れば、シンセキ参謀総長の見通しが正しかったことは明らかだ。

イランとイラクの面積比と、シンセキ氏の見積もりなどから単純計算すれば、米軍、あるいはイスラエルとの共同のイラン占領には３００万人以上の兵力が必要ということになるが、米軍の総兵力は１５０万人余り、イスラエル軍は17万人ほどだ。米軍、あるいはイスラエル軍が多くの犠牲を強いられることは明らかで、アフガニスタン戦争の北部同盟、イラク戦争のクルド人民兵組織のように、地上で米軍やイスラエル軍に協力する武装勢力もない。

地上兵力を送ることが困難な米軍の対イラン攻撃は空爆やミサイル攻撃に限定されるかもしれないが、戦争になれば、戦場はイランだけにとどまらない。イランは精鋭部隊である革命防衛隊をイラクやシリアに送り、ＩＳなど過激な武装集団との戦闘に従事してきた。米軍がイランを攻撃すれば、イラクやシリアに駐留する米軍に加え、これらの国の関連施設や米国人が攻撃を受ける可能性は否定できない。また、シリアでアサド政権を支えるためにイランとともに戦ってきたレバノンのヒズボラの武装部門も米軍やイスラエルに対して攻撃をしかける可能性がある。

映画『日本のいちばん長い日』の原作者である歴史家の半藤一利氏は、日本の降伏に激しく反発した軍人たちの動きを形容して「戦争は始めるのは簡単だけど、終わりにするのは大変。この一言に尽きます」と語っている。日本の軍部は真珠湾攻撃を契機にする日本と連合国との戦争において、その終わらせ方について明確なプランをもっていなかった。そしてそのことが、日本の壊滅的敗北につながった。同様に、米国も20年間アフガニスタンで戦ったが、結局タリバン政権の復活をもたらした。

イスラエルがイランを警戒する背景にはホメイニ師などイラン政府指導者たちによって唱えられた「イスラエルの抹殺」の訴えとともに、イランが核エネルギー開発を行っていることがある。イランが核爆弾を保有するようになれば、「イスラエルの抹殺」も現実性を帯びることになる。また、イスラエルはパレスチナのハマス、イスラム聖戦、レバノンのヒズボラなど親イランで、反イスラエルの武装組織の活動によって囲まれ、隣国シリアでのイラン革命防衛隊の活動に神経を尖らせている。

ただし、イランもイスラエルとの本格的な戦争は望んでいないものと考えられている。背景には１９８０年から88年まで継続したイラン・イラク戦争の記憶もあるだろう。前述のように、この戦争では前線でイラクのサダム・フセインが化学兵器など大量破壊兵器を用いるなど、イラン側には甚大な被害が出て、革命防衛隊、政府軍、バスィージュ（民兵組織）を合わせた戦死者は60万人とされる。また市民の犠牲者も10万人と推定されている。(https://iran-times.com/new-statistics-on-dead-in-iran-iraq-war/)

とはいえ、サダム・フセインのイラクでさえも8年間戦ってイラン・テヘランを制圧できなかったのだから、イスラエルにとってもイランとの通常戦争は大変な困難が伴うことがわかる。

イエメン・フーシ派がイスラエルを攻撃する理由

イエメン北部を実効支配するフーシ派は、２０２３年10月7日にパレスチナ・ガザ地区のイスラム主義組織ハマスがイスラエルを奇襲攻撃し、イスラエル軍がガザ地区への報復攻撃を開始して多数の市民の犠牲がもたらされると、イエメン周辺の海域を通過する船舶を攻撃するようになった。イエメン沖にあり、紅海やスエズ運河の「出入り口」ともいえるバーブ・エル・マンデブ海峡では、２０２３年10月までは世界の海運の8％から10％が、また世界の石油輸送の2・5％が通過していた。カタールがヨーロッパに輸出する液化天然ガス（ＬＮＧ）もバーブ・エル・マンデブ海峡を通るが、イギリスのＬＮＧ消費の半分がカタール産で、ロシアのウクライナ侵攻もあってカタール産ガスの需要が伸び、バーブ・エル・マンデブ海峡の重要性も増していた。ヨーロッパ諸国にとっても、バーブ・エル・マンデブ海峡は「生命線」といえ、フーシ派の攻撃が激しくなると、この海峡を迂回してアフリカ南端のルートをとる船舶が増え、輸送コストも上昇するようになった。

フーシ派が紅海などでイスラエル関連の船舶を攻撃すると宣言したのは２０２３年11月14日で、２０２３年11月にバーブ・エル・マンデブ海峡を３４１隻の船舶が通過したが、12月には３１０隻、１月には１８９隻と減少し、さらに４月は１３４隻に落ち込んだ（「アナドル通信」２０２４年５月27日付）。バーブ・エル・マンデブ海峡は海運や地政学上重要な世界の「チョークポイント（締められることで、苦しむポイント）」で、フーシ派はその存在を船舶への攻撃でアピールし、イエメンでの支配の正当性を訴えるために、パレスチナの大義をもち出して国の内外の支持を得ようとしている。

イエメンはアラビア半島の西南端に位置する国で、人口はおよそ３３７０万人（日本の外務省）、アラブ連盟加盟国の中ではソマリアに次いで貧しいが、既述の通りイエメンは世界の戦略上の要衝に位置する。

イエメンの戦略上の重要性は16世紀にポルトガルが目をつけたが、オスマン帝国の支配がポルトガルの進出を阻んだ。１８３９年にイギリスがアデンを占領し、植民地インドとエジプトの間の艦船の補給地とした。１８６９年にエジプトのスエズ運河が開通すると、ヨーロッパとアジアを結ぶ海路の途上にあるイエメンの地政学的重要性はますます高まることになる。

イエメン北部ではシーア派の一派であるザイド派が信仰される。ザイド派は、イスラム・シーア派の最高指導者であるイマーム位の継承について、初代イマームのアリー（第４代カリフ：在位６５６〜６６１年）の曾孫であるザイド・イブン・アリーとその子孫が正統なイマームであると考える。それに対してイランのシーア派である一二イマーム派ではザイドの兄、第５代イマーム、ムハンマド・アルバーキルの子孫が正統なイマームであると主張する。７４０年にザイドはウマイヤ朝に対して反乱を起こして失敗し、その後この宗派はイエメンやカスピ海南部などイスラム世界周縁部でのみ信仰されている。イエメンでのザイド派信仰は８９３年に始まったが、ザイド派ではイランやイラクのシーア派とは異なってアーヤトッラー（アヤトラ）のような聖職者は存在しない。

シーア派では、ムスリム共同体の指導権は初代イマームのアリーの世襲の子孫であるイマームにあり、このイマームは預言者ではないが、宗教的な権威を有し、また誤謬も、道徳的な罪もないイスラム共同体の指導者であると考える。スンニ派とシーア派の決定的な違いはイスラム共同体の指導者が誰であるかであり、スンニ派の場合は選ばれた者、シーア派は預言者ムハンマドの娘婿のアリーの子孫ということになり、王朝的な考えをする。イスラム世界ではおおよそ１割がシーア派を、９割がスンニ派を信仰する。

イエメンでは１９６２年に軍事クーデターによって、ザイド派の首長（イマーム）による王国が崩壊したが、クーデターはエジプトのナセル大統領の支援を受けたものだった。１９６７年に南イエメンでは共産党政権ができ上がり南北に分裂したが、北イエメンはナショナリストの軍人中心の政府（イエメン・アラブ共和国）であり続けた。冷戦の終焉によって１９９０年に南北イエメンが統一したものの、南部には分離を好む感情が根強くあり続けている。

イエメンでフーシ派が台頭した背景

フーシ派は「アンサール・アッラー（神の支持者）」としても知られ、首都サナアを含むイエメン北部を支配している。１９８０年代に古代都市サアダを中心とするイエメン北部台地からその運動は始まった。フーシ派はザイド派の人々の政治・社会的不満を吸収するように発展していった。また、フーシ派の名称は、その創設者であるフサイン・バドゥル・アッデイーン・アル・フーシ（1959～2004年）に由来する。

イエメン王国を打倒した北イエメンの軍人支配に対してザイド派はイマームによる王国の復活を主張し続けた。北イエメンの支配層はサウジアラビアなどほかのスンニ派諸国への接近を図ったが、ザイド派の指導者たちはサウジアラビアの国教でありスンニ派に属するワッハーブ派のイエメン社会への浸透に反対した。1980年代初頭にはワッハーブ派の神学校もサアダの近隣で創設されたが、ワッハーブ派のイエメン社会への浸透はザイド派の覚醒をもたらし、シーア派初代イマームのアリーへの信仰が強調されるようになった。

1990年代、ワッハーブ派の青年運動に対抗するために、ザイド派は「信仰する若者」という青年組織を立ち上げ、宗教教育、社会福祉活動、同胞意識の育成に努めた。フーシが中核を担ったこの運動は支持を集めたが、その人気のためにアリー・アブドッラー・サレハ大統領の警戒するところとなり、2000年にサレハ大統領は「信仰する若者」への助成金を打ち切った。

多くのフーシ派の指導者たちは、2000年代初頭にイエメンに帰国するまでイランで宗教教育を受け、イランのイスラム革命のように、イスラムと政治の合体を考えるようになっていた。2000年代を通じて、サレハ政権との闘争に活動の意義を見いだし、サレハ政権が米国ブッシュ政権のイラク戦争を含む「対テロ戦争」を支持するようになると、フーシの「信仰する若者」はサレハ政権をあからさまに批判するようになり、「米国に死を！　イスラエルに死を！　ユダヤに呪いを！　イスラムの勝利！」というイランと同様なスローガンを叫んでいく。サレハ政権は2004年6月にフーシの運動の弾圧に乗り出し、創設者のフーシに逮捕状を発行した。同年9月、彼はイエメン軍に殺害され、運動の指導者は異母弟のアブドゥル・マリク・アル・フーシ（1979年生まれ）に移った。

2011年にイエメンでもアラブ諸国の独裁体制を倒した民主化要求運動「アラブの春」が発生すると、フーシ派はサレハ政権の打倒にいっそうエネルギーを傾注していった。2012年2月、サレハ大統領はアブド・ラッボ・マンスール・ハーディ副大統領に権力を移譲して退陣した。しかし、ハーディ大統領の政権になってもイエメン政治は決して安定しなかった。軍部や行政府では依然としてサレハ一族の影響が強く、サレハ元大統領は与党の党首であり続けるという寡頭支配は続いた。ハーディ大統領がフーシ派と対立するイスラーフ党に接近する姿勢を見せると、フーシ派は反発して、これにサレハ元大統領も連帯・同調するようになった。

2014年7月にハーディ政権が燃料への補助金を削減すると、大規模な抗議運動が発生し、これに治安部隊が発砲すると、フーシ派主導の反政府運動が高揚、同月末にフーシ派は首都サナアの一部を占領した。翌年1月にサレハ元大統領や軍のサレハ派の支援を得て、フーシ派は大統領宮殿を制圧して、ハーディ大統領は辞任を余儀なくされた。

フーシ派と湾岸アラブ諸国

2015年2月、ハーディ大統領はイエメン南部の港湾都市アデンに現れ、首都サナアからフーシ派を一掃するために外国の軍事介入を訴えた。同年3月にサウジアラビアの軍事介入が始まり、ハーディ大統領とその政府はサウジアラビアに逃亡した。サウジアラビアなど湾岸アラブ諸国は、イエメンのハーディ大統領の政府を非アラブのイランがフーシ派という「代理」を用いて打倒したと、イランを非難するようになった。

フーシ派は、2017年12月、サレハ元大統領を殺害して、サレハ元大統領派をサナアから追い出し、首都サナアを完全掌握した。フーシ派のイエメン支配は、港湾都市ホデイダを占拠したことによっていっそう強化された。ホデイダの占領によってイエメンの輸入収入の大半をフーシ派は手にすることができたが、2018年6月、サウジアラビア軍をはじめとする有志連合軍はホデイダに侵攻し、この港湾を手にすることによって和平交渉の有利な条件を得ようとした。しかし、国際的な支援物資もホデイダから輸送されていたため、国連が介入し、同年12月にホデイダにおける停戦を成立させた。

フーシ派はイラン革命防衛隊クッズ部隊の支援を受けてその兵器も次第に洗練されていった。２０１９年９月、サウジアラビア東部のアブカイクとフライスの石油施設がフーシ派のドローンによる攻撃を受けた。こうしたサウジアラビアやイエメン沖の船舶への攻撃によって、米国トランプ政権は２０２１年フーシ派を国際的テロ組織と認定した。

コロナウイルスの感染拡大などもあって２０２２年にイエメン介入に注力できなくなったサウジアラビアはフーシ派との停戦を模索するようになり、２０２３年９月、フーシ派の代表がサウジアラビアを訪問し、サウジアラビアと直接和平交渉を行うようになった。現在は前述のようにバーブ・エル・マンデブ海峡を通航する船舶を襲撃している。フーシ派の攻撃を避けようとすると船舶はアフリカの喜望峰まで迂回する必要があり、ヨーロッパとアジアを結ぶ航路の場合、９日余計にかかるようになるなどフーシ派の攻撃は世界の海運にとって重大な懸念材料となっている。

第8章

イスラエルの存立危機と日本

ガザ地区南部ラファにて、物資や支援が不足し、餓死が続出する状態の中、食料の配給を待つ子どもたち　写真提供：ロイター＝共同

日本政府に求められる公平・公正な立場

1973年に第四次中東戦争で、日本を含めてパレスチナ問題に関心を寄せない国々に対して石油輸出を減らすという圧力をアラブ諸国からかけられると、石油危機が起こりトイレットペーパーや洗剤などが社会から消えるなど日本社会はパニックに陥った。日本は親アラブの姿勢を鮮明にするようになり、占領地からの撤退を求めた国連安保理決議242号（1967年11月）の順守やパレスチナとの共存をイスラエルに明確に求めていく。

この方針によって日本は石油危機を回避したが、パレスチナ問題への取り組みが重要と考えた日本の国会議員たちも、日本パレスチナ友好議員連盟などを設立し、1981年にイスラエルや米国が「テロリスト」と形容していたPLOのヤーセル・アラファト議長の初来日を実現するなど、パレスチナ問題への取り組みは日本が独自外交を発揮する分野だった。1980年代、国会議員の山口淑子、木村俊夫、宇都宮徳馬、伊東正義らは、アラファト議長率いるPLO指導部を和平交渉の正統なパートナーとして承認するために尽力し、1993年にイスラエルがオスロ合意でPLOを交渉相手と認める道を開いた。米国とは異なるパレスチナ問題への姿勢を見せていたが、日本と米国の関係が損なわれることはなかった。

ところが21世紀になり、米国のイラク戦争を積極的に支持した小泉政権以来、親米的な政権が続き、またイスラエルでハイテク産業などによる経済発展やセキュリティー技術の発展があると、イスラエルと接近するようになり、２０１４年に安倍政権はイスラエルとの防衛協力を結び、日本の防衛技術のイスラエルへの移転が認められるなど、イスラエルへの接近が顕著になった。その姿勢は岸田政権まで続き、岸田首相はウクライナに侵攻するロシアを非難することがあっても、ガザを攻撃するイスラエルに厳しい批判の声を上げなかった。

アルカイダの指導者オサマ・ビンラディンが米国のイスラエル支持の姿勢をテロの動機とする声明を出したように、アラブ・イスラム世界ではイスラエルの占領下に置かれるパレスチナ人に対する強い同情がある。日本はパレスチナ人の生活支援のためにＪＩＣＡ（国際協力機構）や様々なＮＧＯが努力してきたが、日本政府のパレスチナ問題に対する不公平な姿勢が明らかになれば、信頼を損ない、アラブ・イスラム世界からの反発も予想される。民間も含めた日本人の安全にも関わることで、日本政府には公平、公正な立場をとることが求められているが、残念ながら政治家たちにはその自覚が希薄なように思えて仕方ない。

イスラエルの占領を違法と判断する国際司法裁判所と日本

２０２４年７月19日、オランダ・ハーグにある国際司法裁判所（ＩＣＪ）はイスラエルの占領が国際法に違反しているという勧告的意見を出した。また、ＩＣＪはイスラエルがヨルダン川西岸とエルサレムで続ける入植活動を停止する義務があると勧告した。ＩＣＪがイスラエルの占領について判断を下すのは初めてのことで、まさに画期的なことだった。ＰＬＯがこの勧告についてパレスチナ人の民族自決権にとって勝利だと歓迎したことは言うまでもない。

米国のパレスチナ政策に配慮を見せる岸田首相（当時）はイスラエルのガザ攻撃については法的な判断を下す立場にないと国会で曖昧な答弁をしたが、他方で、ロシアのウクライナ侵攻では「法の支配」を強調した。岸田首相がこのＩＣＪの判断について見解を述べることはなかった。

イスラエルのネタニヤフ首相はＩＣＪの勧告を「虚偽の判断」と述べたが、国連の主要な司法機関であるＩＣＪの勧告は、紛争の平和的解決を目指す国際的な権威をもつと考えられている。ＩＣＪのナワフ・サラム裁判長は「イスラエル国家は、パレスチナ被占領地に自らが違法にいる状態を、可能な限り速やかに終わらせる義務がある」と勧告した。ガザ地区についてもイスラエルの実質的支配が継続しているため、占領は終わっていないという考えを示している。さらに、ＩＣＪはヨルダン川西岸と東エルサレムからイスラエルの入植者全員を退去させるように求め、占領によってパレスチナ人に与えた被害について賠償するようにも勧告した。ＩＣＪは占領地のパレスチナ人に様々な制限を課していることについて、人種、宗教、民族など出自による差別の構造があると指摘し、パレスチナ人の天然資源を搾取《さくしゅ》していると指摘して、各国に対してもイスラエルの占領の現状維持につながるような行動は避けるように求めている。

その意味でも日本には、ＥＵのように、イスラエル入植地に関わる機関・事業に対する利益供与を禁じ、イスラエル入植地産製品の原産地表示をイスラエル産としてはならないとする政策が求められている。

パレスチナ問題の歴史をひもとけば、パレスチナはイスラム勢力が１２００年余りにわたって、第一次世界大戦でオスマン帝国が敗れるまで支配していたところであり、パレスチナに住むアラブ人たちが居住を続けるところでもある。本来ならば、パレスチナに主権をもつのは「パレスチナ人」であり、イギリスがユダヤ人の国家建設を約束したバルフォア宣言も、また１９４７年の国連分割決議も、パレスチナ人の民族自決権を侵害するものだ。パレスチナ分割決議を無効だと主張する国際法学者は、国連総会は憲章上、領域の帰属について決定を下す権限をもっていないこと、分割決議は内容的にパレスチナ人の自決権を侵害していることなどを指摘している。

　ヨルダン川西岸と東エルサレムは１９６７年の第三次中東戦争で、イスラエルが軍事的に占領したところであることは紛れもない歴史的事実である。この第三次中東戦争を受けて国連安保理決議２４２号が成立し、（１）最近の紛争において占領された領土からのイスラエル軍の撤退が求められ、また（２）中東地域のすべての国々が安全で、かつ承認された境界内で平和に生存する権利の 尊重と確認が求められた。

　この章の冒頭でも述べたように、かつて日本政府が、イスラエルの占領地からの撤退を求めた国連安保理決議２４２号を明確に支持した時代があった。１９８０年9月23日、第35回国連総会一般討論において伊東正義外相は、「わが国は、公正かつ永続的な中東和平の実現のためには、（中略）イスラエルが67年戦争（第三次中東戦争）の全占領地から撤退し、かつ国連憲章に基づき、パレスチナ人の民族自決権を含む正当な諸権利が承認され、尊重されなければならないと考えております。（中略）わが国は、最近のパレスチナ自治交渉の停滞と西岸情勢の悪化を極めて憂慮しておりますが、その一義的原因が占領地における入植地の建設、東エルサレムの併合措置等イスラエルの占領政策に起因していることは、非常に遺憾なことであります。イスラエルが国際社会の声に素直に耳を傾け、平和的な話し合いに応じる勇気と柔軟な態度を示すよう切に願うものであります」とイスラエルへの強い批判の思いをにじませた。(https://www.mofa.go.jp/mofaj/gaiko/bluebook/1981/s56-shiryou-209.htm)

米国のパレスチナ政策は一貫せず、オバマ政権時代の末期、２０１６年12月に国連安保理で、入植地建設を国際法違反とし、入植活動の即時・完全中止を求める決議（Ｓ／ＲＥＳ／２３３４）は、米国が拒否権を行使することなく採択された。しかし、その直後にトランプ政権になるとイスラエル入植地は合法という判断をするようになった。日本は政権によって方針が変わる米国の政策に振り回されずに、ＩＣＪの判断を尊重する一貫した姿勢や方針をとるべきだろう。

ウクライナとパレスチナのダブルスタンダード

日本のウクライナとパレスチナに関するダブルスタンダードは、東京都の小池百合子知事の姿勢にも顕著に表れた。小池知事は２０２２年２月24日にロシアがウクライナに侵攻すると、翌３月11日に当面ウクライナからの避難民を都営住宅一〇〇戸で受け入れ、最大７００戸まで拡大する考えを明らかにした。小池知事は「タイミングを逸することなく機動的に対処していく」とも述べた。ウクライナ避難民を受け入れるのは結構だが、従来ごく少人数しか受け入れなかったアフガニスタンやシリアなど中東難民に比べると、異例で、破格の扱いだった。

２０２４年２月14日付の毎日新聞では、出入国在留管理庁の調査したところでは２月７日時点で日本国内にいるウクライナ避難民のうち、約３割に当たる５９９人が東京都内に滞在している。都営住宅へのウクライナ避難民の入居が始まったのは２０２２年３月末だから、小池知事の受け入れ表明があってから間もなく実際の入居が始まった。２０２４年１月末時点で、３００世帯４６０人のウクライナ人が都営住宅で暮らし、都内に滞在するウクライナ避難民の８割が都営住宅に収容されている。

これに対して、東京都のパレスチナ避難民の受け入れは、イスラエルのガザ攻撃が始まってから１年以上を経過してもゼロ、皆無で、明白なダブルスタンダードだ。岸田首相も２０２２年３月２日、小池都知事よりも先にウクライナ避難民を受け入れる考えを明らかにし、親族や知人が日本にいるウクライナ人から受け入れを開始し、人道的配慮からその後を判断すると語った。イスラエルのガザ攻撃が始まったのは２０２３年10月７日、犠牲者は４万人以上になるのに、岸田首相が在任中にパレスチナ避難民の受け入れに言及することはまったくなかった。

ウクライナ避難民は米国の敵であるロシアが発生させたものだが、パレスチナ避難民は米国の同盟国イスラエルの攻撃によって生じたものだ。人命に軽重などあってはならないが、パレスチナ避難民の受け入れについては、米国との同盟関係という要因があることは明らかだった。また岸田首相や小池知事のダブルスタンダードの背景には彼らの人種観も表れているような印象すら受ける。

イラク開戦の際、小池知事を含む「日本国際フォーラム緊急提言委員会有志」は「米国支持の旗幟《きし》を鮮明にせよ」とアピールを行い、米国の戦争と一体となることを主張した。根拠も曖昧な、正当性のない戦争で、小池知事はアラブ世界での生活体験があるにもかかわらず、イラクをかばうことはまったくなかった。

イギリスでは、２０１６年７月６日にイラク戦争を検証する「イラク調査委員会」が、２００３年３月の時点で、イラクのフセイン大統領から差し迫った脅威はなく、イラク参戦は不当だったと結論づけた。小池知事からは戦争を支持したことについて反省の弁はまったく聞かれない。

パレスチナ国家を承認しない日本

２０２４年７月17日、イスラエル国会は圧倒的多数で、パレスチナ国家創設を拒絶する決議を通過させた。この決議はネタニヤフ首相の訪米に合わせたもので、二国家共存を主張するバイデン政権をけん制する目的がある。ネタニヤフ首相の与党が賛成したばかりでなく、ネタニヤフ首相の政敵と見なされ、米国からも信頼されるベニー・ガンツ元国防相も賛成票を投じた。このように、イスラエルは今後のパレスチナとの和平交渉でパレスチナ国家承認を一切議論しない姿勢を見せた。

イスラエルの国会議員たちがパレスチナ国家を拒否する理由としては、イスラエルの地の中心とも言えるところにパレスチナ国家を置けば、イスラエル国民の安全上の脅威になり、アラブ・イスラエル紛争を恒常化させ、地域の不安定要因になること。また、ハマスがパレスチナ国家の権力を掌握し、過激派の拠点をつくり、テロに報酬を与えるものだとイスラエルの議員たちが考えていることにある。

１９９３年のオスロ合意は、パレスチナ独立国家への道筋を示すものであったし、民族自決権は国際法の常識のように認められている。イスラエルはこの国際法の常識とも言えるパレスチナ人の民族自決権を一向に認めようとしない。

イギリスとフランスは、第一次世界大戦でオスマン帝国に勝利すると、そこに住んでいたアラブ人たちの地域を国際連盟の「委任統治領」という新たな植民地にした。パレスチナを手にしたのはイギリスだったが、国際連盟規約では、現地に住む人々が独立国家となるまでアドバイスと援助を与えるということになっていた。イギリスが委任統治していたイラクは1932年に独立国家となったが、他方、パレスチナでは、パレスチナ国家が存在しないどころか、民族自決を主張するための根拠となる土地もイスラエルによって次第に侵食されつつある。

パレスチナを委任統治したイギリスは2024年7月17日、チャールズ国王がスターマー新首相の施政方針を読み上げ、パレスチナ・イスラエルの二国家共存による和平実現を確認した。

2024年になってヨーロッパのスペイン、ノルウェー、アイルランド、スロベニアがパレスチナ国家を承認した。これで国連に加盟している193カ国のうち147カ国がパレスチナ国家を承認したことになった。

日本政府は、パレスチナ・イスラエルの当事者間の交渉を通じた「二国家解決」を支持するとしつつ、パレスチナ国家を承認していない。すっきりしない理屈だが、イスラエル国会の動きを見ても当事者間の交渉でイスラエルがパレスチナ国家を認める様子はまるでなく、可能性がないものを支持するというのはまったく無責任のように見える。「当事者間の直接交渉」を強調するのは米国バイデン政権も同じだが、これではパレスチナ人たちの国家創設という希求は見捨てられたと同然だ。

パレスチナ国家を承認する姿勢がない米国に追従して日本がパレスチナ国家承認を行わなければ、半永久的に承認の機会を失うことだろう。米国は第一期トランプ政権時代、イスラエルの一国支配を事実上認め、テルアビブにあった米国大使館もパレスチナが首都と主張するエルサレムに移転してしまった。米国が真摯に当事者間の交渉を期待している様子はなく、またパレスチナ国家を承認する気配も毛頭感じられない。

パレスチナ国家承認も米国追従では日本は、日本が重視するアラブ・イスラム諸国も含むグローバルサウスの信頼や敬意を得られないことは明らかで、岸田首相が構想したグローバルサウスを取り込んで反中ロ同盟を築くことなどできない。グローバルサウスはロシアの侵攻を非難し、イスラエルのガザ攻撃を問題にすることがないG7の偽善にとっくに気づいている。

平和記念式典にイスラエルを招待した広島市

イスラエルは世界的な核兵器保有のルールでもあるＮＰＴ（核兵器不拡散条約）にも加盟していない。ＮＰＴは核兵器保有国の増加を防ぐものだが、岸田首相は、日本が核兵器禁止条約（ＴＰＮＷ）に批准する代わりに、ＮＰＴを強化することで日本が核軍縮をリードしていくと述べている。ＮＰＴ強化が核軍縮とどう結びつくか不明だが、イスラエルはそのＮＰＴにさえ批准していない。

イスラエルは核兵器を保有しているにもかかわらず、イスラエルの政府関係者たちが時折核兵器使用を口にするなど、実質的に核による恫喝を行っている。ガザに対して非人道的な攻撃を行うと同時に、イスラエルは広島や長崎の核廃絶への思いを蹂躙《じゅうりん》するような国だ。

イスラエルの核兵器は近隣のアラブ諸国が１９７３年の第四次中東戦争以降、イスラエルに対して通常戦争を行わなくなった要因の一つでもある。イスラエルは１９６６年に実戦に配備できる核兵器を保有するようになったと見られ、イスラエルは国の安全を核兵器に依存している。

２０２３年11月５日、イスラエル・ネタニヤフ政権のアミハイ・エリヤフ・エルサレム問題・遺産相はガザに核兵器を落とすのも選択肢の一つだと述べた。彼はガザの人々を「ナチス」と形容し、ナチスに人道支援を行う必要などない、ガザにはハマスに関わっていない人物などいないと語った。240人の人質がガザ内部にいても核兵器を使用するのか尋ねられると、戦争には代償が伴うと発言した。

イスラエルでは、モシェ・ヤアロン国防相（当時）が2015年5月5日、イスラエルがイランに対して核攻撃を行う可能性について言及したこともあった。これは東京新聞などで報じられたが、多くの日本人には知られていないだろう。彼は、イランとの長期の戦争を避けるために、米国トルーマン政権が広島・長崎に原爆投下を行ったように、イスラエルもまた「断固たる」措置を講ずるべきだと述べた。イスラエルが核兵器をもっていることは確実だが、じつはイスラエル政府は公式には「もっている」とも「もっていない」とも語っていない。しかし、ヤアロン国防相の発言は、イスラエルが核兵器を保有していることを現職の政府関係者として明らかに認めるものだった。(https://electronicintifada.net/blogs/asa-winstanley/israeli-defense-minister-promises-kill-more-civilians-and-threatens-nuke-iran)

ヤアロン国防相は、2013年7月に国連の潘基文《バンギムン》事務総長と面談した時にイスラエルがガザのシュジャーイーヤを攻撃する意思表示を行ったが、イスラエルは2014年夏のガザ攻撃でそのシュジャーイーヤをまさに廃墟にしてヤアロン国防相は「公約」を履行した。

イスラエルのタカ派には、広島・長崎の原爆投下は正当なもので、イランの核問題を平和的に解決することは誤りであるという主張が根強くある。（たとえば、http://israelmatzav.blogspot.jp/2015/08/hiroshima-was-right-and-moral-iranian.html　などを参照）。

唯一の被爆国である日本が、核兵器に関する国際的なルールを守らないで、核の恫喝を行うイスラエルを「原爆の日」の平和記念式典に招待するならば、同様に核兵器で恫喝するロシアも招いて核兵器の問題についてイスラエルやロシアと真摯《しんし》な議論を戦わせればよかった。

広島平和記念資料館を訪問したパレスチナの民族詩人マフムード・ダルウィーシュは、彼の作品『忘れやすさのための記憶』の中で次のように書いている。

「記念館には殺した者の名前を示すものは何も無かった、『太平洋の基地から、この方向に爆撃機はやってきた。』これは共謀なのか追従なのだろうか。犠牲者に関しては、名前など必要ない。葉っぱがついていない人の骸骨。形のためにだけ、骨から作られた枝。形のためだけにある形。向こうにいる女性から選り分けられたわずかな髪の毛の束。壁の説明書きが死の程度を示している、火傷のため、煙のため、毒のため、放射能のため」（小泉純一「中東と極東の作家たちの出会い：マフムード・ダルウィーシュが忘れられなかった広島」）

原子爆弾を投下した米国を原爆資料館の展示で責めることがないことは、ダルウィーシュには不思議ではならなかった。同様な思いは1959年7月に広島を訪問したゲバラにもあったようで、ゲバラは通訳の広島県庁職員・見口健蔵氏に「きみたち日本人は、米国にこれほど残虐な目に遭わされて、腹が立たないのか」と尋ねた。日本の岸田首相は原爆投下の当事者が同盟国の米国であったという記憶を希薄にすることに躍起となっているように見えた。

ダルウィーシュは「ヒロシマの問題は全世界の人々の心に奥深く突き刺さったままだ。この残虐の代価を負ったのはヒロシマの人々だが、それは全人類が負った代価だと言える」と述べたが、それは被爆者となった広島市民と、イスラエルの攻撃によって亡くなるパレスチナ市民の姿が重なるからだ。パレスチナは、理不尽にも分割された上に、イスラエルと戦争を行い、イスラエルは広島に原爆を落とした米国の武器や弾薬による圧倒的な軍事力で、パレスチナの市民を殺害している。ダルウィーシュが、日本人が米国を責めることがないことを不思議に思えた理由の一つには、パレスチナ人に対するイスラエルの無差別爆撃が継続し、しかもそれを米国が支援しているということもあったに違いない。

広島の平和へのメッセージとは、広島の原爆投下と同様に、無辜の市民が戦争で犠牲になることを繰り返してはならないというものだが、イスラエルは２０２４年の広島原爆の日の直前にもガザへの攻撃を継続し、さらにヒズボラのファド・シュクル司令官、ハマスのハニヤ最高指導者、ガザのハマスの軍事部門トップ、ムハンマド・デイフ司令官を殺害した。平和記念式典で毎年確認する広島市の平和への願いを踏みにじるようなイスラエルの軍事行動だった。

中東イスラム地域では、広島や長崎の原爆投下によるその惨状には深い同情が寄せられ続けている。原爆投下などによって国土が荒廃してもなお戦後著しい復興を遂げた日本に対する敬意がある。

中東研究者の高橋和夫氏によれば、ヨルダンで売られていた地球儀の日本には、東京・大阪と広島・長崎の４都市だけ、名前が記されていたという。第二次世界大戦後に米国の軍事介入を受けたり、米国が支援するイスラエルによってパレスチナ人というムスリム同胞が犠牲となったりしてきたアラブ・イスラム諸国にとっては広島・長崎は特別な意味をもっている。

また、アフガニスタンで支援活動を行っていた中村哲医師も「世界で一番親日的な国はアフガニスタンだといってもいいでしょう。私たちが国境を通過する時に、外国人は通過禁止となっている時も、日本人だというと、『アフガン人ではないが外国人とは言えない』と通してくれるのです。日本人には特別な感情を持っているようです。どうしてか分かりませんが、彼らが知っているのは、日露戦争、それから広島・長崎の原爆はどこに行っても、どこのお百姓でも知っていました」と語っている。(http://www.jca.apc.org/act/nakamurakouen.html)

ウクライナに侵攻するロシアと、ロシアの戦争に協力するベラルーシは平和記念式典に招待せず、ガザで殺戮を続けるイスラエルを招待した広島市の姿勢は、アラブ・イスラム世界の圧倒的に多数の人々を落胆させただろう。

「日本人はパレスチナに連帯してくれた」

広島市と異なって、長崎市が平和祈念式典にイスラエルを招待しなかったことは、ガザの住民に同情する中東イスラム世界では好意的に見られたことは間違いない。トルコの「アナドル通信」は2024年8月9日付で長崎市のイスラエル不招待と、G7の国々の式典ボイコットを大きく扱った。

同記事の中でワリード・シアム駐日パレスチナ常駐総代表部大使は、日本人はパレスチナに連帯してくれたと日本人に対する感謝の言葉を述べている。シアム大使は、広島がパレスチナを平和記念式典に招待しなかったのは、米国の圧力によるものだろうと語った。「日本はパレスチナ国家を承認していないが、パレスチナの外交活動を日本国内で認めてくれている。広島の平和記念式典にはイスラエルが招待され、日本の世論はこの招待に強く反発したものの、招待が取り消されることはなかった。他方で、同じ被爆都市の長崎は、イスラエルに平和祈念式典への招待状を出すことはなかったため、Ｇ７の国々は長崎の平和祈念式典をボイコットすることになった。広島にパレスチナは招待されることはなかったものの、広島県の湯崎英彦知事はガザでの戦争を止めるように、比喩を用いて主張してくれた」とシアム大使は感謝の意を表明している。

シアム大使は、広島や長崎を破壊し、市民を殺害した米国が平和式典に招待されていることが不思議なようだった。また、日本が従来パレスチナ経済の発展にも力を尽くし、ガザ復興への貢献を表明してくれることにも大使は、謝意を表明している。さらに日本や韓国がパレスチナ国家承認を検討していることを評価し、「第二次世界大戦で戦争の惨禍を知る日本は、著しい破壊に遭っているパレスチナのことを理解してくれている。日本人は、正義、法の支配と、国際法を重視し、支持する人々なので、パレスチナの大義を支持してくれる」と大使は日本人を評価している。

一方、米国のラーム・エマニュエル大使が長崎の平和祈念式典にイスラエルが招待されなかったことを欠席の理由としたのは、彼の個人的背景が大きい。エマニュエル大使はユダヤ系米国人だが、大使の父はエルサレム出身で、イスラエルでは小児科医だったが、それ以前はユダヤ人の極右軍事組織のイルグンのメンバーだった。イルグンは、現在のネタニヤフ首相が率いる政党リクードの前身だが、イスラエル独立以前はイギリスの委任統治当局に対してテロを行ったり、アラブ人を襲撃したりする軍事組織だった。

そのイデオロギーは第4章で紹介したジャボチンスキーによって説かれた修正シオニズムの思想に基づくものだ。繰り返すが、修正シオニズムはパレスチナ全域がユダヤ人の土地であるという思想で、パレスチナ人との共存を考えるものではなく、それがネタニヤフ首相など現在の右派リクードのイデオロギーになっている。その方針は、武装闘争こそがユダヤ人国家を創設、維持できる手段という極端なものだった。イルグンの初代最高司令官もジャボチンスキーだった。

イルグンは、1946年7月22日にエルサレムのキング・デーヴィッド・ホテルの爆破事件を起こし、また、1948年4月9日にデイル・ヤースィン村で100人から120人のアラブ人住民を虐殺した。科学者のアインシュタインや哲学者のハンナ・アーレントは、イルグンがデイル・ヤースィン村で虐殺事件を起こすと、「ニューヨーク・タイムズ」紙に意見広告を出し、イルグンのことを「ファシスト」と形容し、ナチス・ドイツがユダヤ人に対してしたことと同様なことを、この極右組織は行ったと強く非難した。

エマニュエル大使のミドルネームは「イスラエル」、ファーストネームの「ラーム」も、イルグンから分派した戦闘組織レヒの戦闘員で、戦死したRahaminという人物から名づけられた。ファミリーネームの「エマニュエル」もアラブ人との抗争で死亡した彼の叔父エマニュエルから改姓したものだ。

こうしたエマニュエル大使の個人的背景が長崎の平和祈念式典をボイコットする要因となったことは間違いない。イスラエルを招待しないという長崎市の決定は、急進的なシオニズムである修正シオニズムを信奉するエマニュエル氏にとってはよほど気に入らないものであったに違いない。大使の役割が国の利益の保護や文化交流などにあるとすれば、自身のシオニズムへの信奉を優先したエマニュエル大使のふるまいは、本来の大使の役割から逸脱している。エマニュエル大使は、米国がおびただしい数の犠牲をもたらした長崎の被爆者たちへの慰霊の機会を台無しにし、その日本社会への介入的姿勢は日本人の米国に対するイメージを曇らせ、日米関係にとってマイナスとなったことは明らかだった。

イスラエルの元人質を抱擁した日本の外相

イスラエルが2024年6月8日に行ったガザ中部のヌセイラットの難民キャンプへの攻撃でイスラエルの4人の人質が解放されたことに、バイデン米大統領やドイツのオラフ・ショルツ首相は祝意を表したが、しかしその解放のために犠牲になったパレスチナ難民たち274人に触れることはなかった。

その難民キャンプ攻撃で解放されたノア・アルガマニさんが父親とともに解放を祝うパーティで父親や友人らとともに水着で踊る動画がXなどに投稿された。この動画については自身の解放でガザの多数の人々が殺害されたのに、この狂乱ぶりはイスラエル社会が病んでいることの証拠だ、などの厳しいコメントが寄せられた。

そのアルガマニさんは、2024年8月20日に来日し、G7の駐日大使たちと会食した。G7の大使たちは8月9日の長崎の平和祈念式典をイスラエルが招待されていないという理由で米国のエマニュエル大使の呼びかけに同調して欠席した人たちだ。被爆の犠牲者たちを追悼し、核兵器の廃絶を訴える平和祈念式典をボイコットする一方で、解放されたイスラエルの元人質とは会食の機会を設けるＧ７の大使たちの姿勢は日本人が強く反発しても仕方がないものだった。原爆という大量虐殺の犠牲者たちを追悼しないで一人のイスラエル人の解放のほうが重視されているようにも見えた。

８月22日に日本の上川陽子外相（当時）もアルガマニさんと会って抱擁し、「停戦実現のために外交努力を尽くしたい」と述べている。上川外相は、ガザで殺害されたパレスチナ人遺族に会って悔みの言葉など述べたことはないだろう。また、上川外相がガザ停戦のために、どんな外交努力をしてきたのだろうか。少なくともそのための主体的、主導的な行動などしたとは思えない。ガザの停戦交渉には日本の参加など報じられることはまったくない。

アルガマニさんはハマスによって拘束された人質だが、イスラエルはパレスチナ人の拘束などは日常茶飯事的に行っている。パレスチナでは男性人口の実に40％が拘禁されたり、投獄されたりした経験がある。イスラエルの刑務所には常に数千人のパレスチナ人たちが収容されている。投石しただけでも最低３年、最大で20年の刑が科せられる。イスラエルの行政拘禁はイスラエルの人権団体ブツェレムによれば、裁判や起訴なしに、ある人物が将来の罪を犯す計画があるなどの理由で行われる。被拘禁者の80％近くは、６カ月以上拘禁される。イスラエルは安全を優先して投石のような微罪でも行政拘禁を行い、他方パレスチナ人は当然のことながら理由も曖昧で、正当性がない拘禁から解放されることを切望する。上川外相はこうしたパレスチナ人の拘禁経験者や家族の一人にでも会ったことはないだろう。家族を奪われる思いはイスラエルの人質家族も、パレスチナ人被拘禁者の家族も同じはずだ。

ヨルダン川西岸のイスラエル入植地への反対を唱え、イスラエル軍兵士を平手打ちにしたパレスチナ人の少女アヘド・タミーミーさんは2017年12月、16歳の時に逮捕され、イスラエルの刑務所に8カ月収監され、2023年11月にもイスラエル人入植者への殺害をインスタグラムでほのめかしたという理由で逮捕され（本人は無論否定している）、同月の終わりにハマスとの人質交換で釈放された。彼女はイスラエルの占領や入植地拡大への抵抗のシンボルと見なされている。

アルガマニさんを抱擁した上川外相がアヘドさんなどパレスチナの行政拘禁の経験者に面会したことはない。パレスチナ問題に公平な姿勢を見せなければ、停戦のための外交を行うことなどまったく不可能だと思う。

悲惨な戦争を知る日本の若者たち

近年の戦争でイスラエルのガザ攻撃ほど悲惨な戦争は知らない。ベトナム戦争ではソンミ村の虐殺などあったが、イスラエル軍は意図的に、徹底的に病院などの医療施設や学校をはじめとする社会インフラを破壊し、また子どもや女性たちが多く犠牲になった。さらにイスラエルはガザ住民への人道物資・支援の提供も制限するようになっている。

ガザ住民たちが犠牲になったり、ガザ社会のインフラが破壊されたりする様子は、日々映像や画像などでＳＮＳを通じても拡散されている。世界の若い世代は戦争の実相、リアルをガザで初めて見聞きすることになった。米国によって戦われたイラク戦争、アフガン戦争は、報道規制もあって戦争の悲惨さが伝わることがあまりなかったが、米国はベトナム戦での様子が本国で報じられることによって反戦運動が高揚したこともあって、１９８９年のパナマ侵攻あたりから戦争報道に関する規制を厳格に行うようになった。

２０２４年４月17日付の北海道新聞の記事は、北海道民の世論調査の結果を伝えているが、憲法９条を改正すべきではないと回答した人が67％と２０２３年の結果よりも10％も増え、戦争への忌避感が日本でも増していることを伝えている。２０２３年はすでにロシアのウクライナ侵攻が開始されてから1年以上が経過していた時期だから、特にイスラエルのガザ攻撃の悲惨な様子が道民の意識に大きく影響をもたらしたものと考えられる。

２０２４年６月９日、朝日新聞「ＡＥＲＡ」に「ガザ侵攻抗議でテント張る青学生　社会運動に関心あるZ世代は〝大人が考えているより多い〟?」という記事が掲載された。米国の学生たちに触発されてテントを張って、イスラエルのガザ攻撃を非難する運動が日本の大学でも現れた。米国の学生たちがテントを張って抗議を行うのは、避難民としてテントなどに身を寄せるガザ市民に共感するからだ。

テントを張る抗議運動があったのは、青山学院大学もその一つの例で、国際政治経済学部4年生の八島望さんは、イスラエル軍がガザを攻撃し、子どもたちが殺される様子を見て、「我慢できなくなり、ブチ切れました」と語る。「国際政治経済学を学んでいながらこのまま何もしなかったら、『国際政治経済学部を卒業しました』と、恥ずかしくて言えないと思った」そうだ。

2024年2月に「青山学院大学立て看同好会」を一人でつくってSNSでの発信を始めた。地面に横たわって抗議するダイ・インの抗議デモを行おうとしたら、大学は「政治的実践活動は禁止」を通告してきたので、5月10日にテントを張ると、大学の警備員や学生生活課の職員たちがやって来て、「風でテントが飛ぶと危ない。大学はキャンプ場じゃないから、テントはダメ」と言われたという。後日、学生生活課に行くと、テントを張ることが学則で禁止されていないことがわかり、学生生活課も「黙認」という形で八島さんらの行動を認めるようになった。テントを張るのは金曜日の午後だけだったが、ＳＮＳでの発信でフォロワーは増えるようになった。

八島さんが疑問に感じるのはロシアのウクライナ侵攻は非難するのに、イスラエルのガザ攻撃には沈黙する大学当局の「ダブルスタンダード」だ。政治や社会に関心がある若者は大人たちが考えているよりは多いのではと八島さんは語るが、若者たちは大人や、政治の世界のダブルスタンダードを敏感に感じている。

また、２０２４年6月29日の毎日新聞に「我らの心はガザと共に　日本で声上げる若者たち」という記事が掲載された。上智大学の学生たちはパレスチナ人の父と日本人の母をもつ上智大学2年生のカセム・ジュマーナさんの訴えに理解や共感を示している。カセムさんの祖父の家族は１９４８年のイスラエル建国に伴うナクバで難民となり、クウェート、そしてヨルダンに逃れた。カセムさんがデモを呼びかけると、70人ほどの学生たちが集まった。

上智大学の学生たちは、やはり大学当局のロシアのウクライナ侵攻とガザへの対応にダブルスタンダードがあることを感じている。抗議の輪の中には女子学生や外国人学生たちの姿が多く見られ、また英語でも訴え、１９７０年安保の時代とは違うところを見せていた。イエズス会や上智大学が強調する「正義の促進」とはまったく真逆なことが、占領や入植地拡大などパレスチナではずっと行われてきた。

カセムさんの祖父の家族はパレスチナでオリーブ畑を営んでいたそうだが、パレスチナ人たちが平和にオリーブを栽培する権利をもっていることは明白だ。ところが、イスラエルの極右入植者たちのパレスチナ人のオリーブ栽培に対する暴力や嫌がらせはますます露骨になっている。

オリーブの木は世界平和のシンボルで、中東イスラム諸国では、美しいオリーブの木が生育してきた。古代ギリシャ・ローマの時代からオリーブは、神話の中でも語られるほど伝統のある農産物だ。オリーブはパレスチナ人の農民たちにとって重要な経済手段であり、オリーブ油、オリーブ石鹸、あるいは木材などの原材料となる。パレスチナではオリーブは輸出品目のうち2番目で、果実全体の収入の半分近くを占めてきた。

日本もサンダース議員の主張のように米国政府が合理的に、理性的に判断し、行動するならばそれに賛同、協力してもよいと思うのだが、実際のところは、米国の政策が何であれ、米国に完全に追従している。昨年10月7日のハマスの奇襲攻撃の後は、ハマスのテロを非難すると言い続け、またその直後の10月16日の国連安保理の停戦決議案にも反対票を投じたことがある。この際、日本政府は虐殺に加担しているという批判がアラブ・イスラム世界から上がった。

米国のバイデン大統領が、２０２４年5月31日に、①6週間の停戦、②イスラエル軍のガザ撤退、ハマスがすべての人質を解放、③ガザの復興計画を開始というガザ停戦案を発表すると、岸田首相は「全面支持」と語ったが、日本独自のガザ停戦とパレスチナ和平の構想を世界に積極的に示さないと日本の国際社会における指導力、影響力は低下するばかりだ。

２０２４年6月18日付の日経新聞に「新興国、西側に冷たい視線　『中東・ウクライナ二重基準』」という記事が掲載されたが、ロシアの侵攻を非難し、イスラエルには甘い欧米や日本からグローバルサウスと呼ばれる新興国、途上国の離反が目立つようになり、そこに中国やロシアがつけ込むようになったという内容だ。欧米からの武器援助を受けるウクライナとは異なって、ガザ住民たちには自らの命を守るべき手段やすべがない。それでもイスラエルを非難しない欧米や日本に対する冷ややかなムードが世界の多くの国々で広がるのは当然だ。これまで日本人が営々と築き上げてきたアラブ・イスラム世界の親日という日本にとって貴重な資産が、岸田政権のガザ問題に対する主体性のない取り組みによって損なわれてしまった。

おわりに――イスラエルの崩壊は予見可能になった？

イスラエルのガラント前国防相は、ガザ戦争について楽観的な見通しを語っていた。ガザ・シティを占領すると、イスラエル軍はガザ・シティとハマスがつくったトンネルを完全に掌握していると話し、またガザ南部のハーンユーニスを占領すると、ハマスのシンワル指導者はトンネル内を逃げ回り、彼はハマスへのコントロールを失い、数日のうちに捕捉されるだろうと述べた。彼は、このようにイスラエル国民に楽観的な見通しを与えたが、しかしイスラエルは人質の解放を実現し、ガザ戦争を契機にその安全保障を確実にするどころか、その国家そのものが動揺する状態に置かれるようになった。イスラエルは、ハマスやヒズボラとの消耗戦を戦うようになり、この消耗戦が継続すれば、イスラエルは莫大な資源を戦争で消費し続け、国家存亡の危機すら迎えることになる。

イスラエルは、米国のベトナムやイラクでの戦いのように、ガザ戦争の泥沼にはまりつつある。ガザでの戦争を継続する一方で、ヨルダン川西岸では暴力が増加し、国連人道問題調整事務所（ＯＣＨＡ）によれば、２０２３年10月7日から２０２４年8月12日までに、ヨルダン川西岸ではおよそ600人のパレスチナ人がイスラエルの極右入植者やイスラエル軍によって殺害された。イスラエル社会は急速に規律を失うようになっているが、こうした暴力はパレスチナ側の報復的な暴力を生むことにもなる。実際、パレスチナ政策調査研究センター（PCPSR）が2024年5月26日から6月1日にかけて実施した世論調査では、イスラエルに対する武装闘争への支持が高まり、パレスチナ人の半数強（54％）が、イスラエルの支配を終わらせ、パレスチナ国家を樹立するための好ましい手段として武装闘争を選択する一方で、交渉を選んだのはわずか4分の1で、16％が「非暴力抵抗」を主張した。イスラエル軍の軍事力の行使によってパレスチナとの共存の実現は遠のくばかりだ。

イスラエル軍の予備役の将兵たちはたびたびの召集で規律が緩み、経済も打撃を受けるようになった。パレスチナ人収容者に対する虐待はイスラエル軍が規律を失っていることを表している。イスラエルの国際的孤立は明白になり、スペインやベルギーなどヨーロッパ諸国の間では武器禁輸の動きも表れた。2024年4月、国連人権理事会がイスラエルへの武器売却停止を求める決議を採択するなど、イスラエルの国際的孤立はいっそう明白になっている。

2024年10月10日と11日、イスラエル軍はUNIFIL（国連レバノン暫定軍）の3つの陣地に攻撃を行い、ＵＮＩＦＩＬ本部の監視カメラに発砲して破壊し、その後イスラエル軍戦車が突入して本部ゲートを破壊した。イタリアのジョルジャ・メローニ首相は10月15日、イスラエル軍の姿勢は完全に不当だと述べ、イスラエル軍の自衛は国際人道法に従ったものでなければならないと語った。メローニ首相は、昨年10月7日のハマスの奇襲攻撃以来、イタリアはイスラエルに対する武器・弾薬の供給を停止し、また関連する武器契約をすべて凍結したと議会で述べた。

国際法に違反したり、暴力の行使をも提唱したりする極右勢力とは考えが相容れない政党や政治勢力はイスラエルにも存在するが、極右の台頭でイスラエル社会は分裂化傾向がいっそう進んだ。ハマスとの戦争が終わった後のガザをどう管理するかでもイスラエル政府の考えはまとまらない。極右政党はイスラエルによるガザの再支配と、入植地の再建を主張しているものの、ヨルダン川西岸の入植地建設では、イスラエルは幾重にもわたる検問所や、入植地専用の道路を建設しなければならなかった。これらの建設や維持にも莫大な予算が必要となる。

ネタニヤフ首相はガザにイスラエル軍を駐留させることがイスラエルの安全に役立つとも人質の家族に話すようになったが、ガザ戦争の長期化は、イスラエルが莫大な経済資源を軍事に用いなければならなくなるために、イスラエル国家全体にとっても深刻な負担になっている。２０２３年最終四半期でイスラエル経済は20％も落ち込んだ。イスラエル軍は２０２４年になってヨルダン川西岸での軍事行動を強化するようになったが、これもまたイスラエルの経済負担の増大を意味する。また、イスラエルの経済・金融界のエリートたちはリスクを回避するために、資本を国外に移すようになった。

アミル・ヤロン・イスラエル銀行総裁は、２０２４年5月30日にハマスに対する戦争は２０２３年から２０２５年にかけて６７０億ドル（10兆円）の費用がかかると警告した。イスラエルの安全保障上の予算は、恒久的に増加を継続せざるを得ず、それがイスラエル経済にも否定的影響を及ぼすと彼は述べた。イスラエルの２０２４年予算の総額が約22兆６９８０億円だから、イスラエル経済にとって相当な負担であることは容易に想像できる。２０２４年8月31日、イスラエルのスモトリッチ財務相は２０２３年10月に始まるガザでの戦争に６８０億ドル（9兆８０００億円）かかったと述べた。1年の国家予算の半分近くを1年にも満たないガザでの戦費に用いたことになる。

ネタニヤフ首相は、国内での停戦を求める圧倒的な声があるにもかかわらず、ハマスを壊滅すると語り、戦闘を継続する姿勢を崩さないでいる。そのため莫大な戦費がかかっているが、イスラエルの財政を預かる極右のスモトリッチ財務相には戦争を抑制する姿勢がまるで見られない。

トランプ政権時代、米国は駐イスラエルの米国大使館をテルアビブからエルサレムに移転することでエルサレムをイスラエルの首都と認定し、イスラエルがシリアから占領するゴラン高原にイスラエルの主権を認めた。また、ネタニヤフ首相が日頃イスラエルに対する重大な脅威と訴えるイラン革命防衛隊のソレイマニ司令官もトランプ政権は殺害した。トランプ政権時代に「ＢＬＭ」の運動を警察力で抑え込もうとしたが、２０２５年から始まるトランプ政権では、イスラエルのガザ攻撃を非難する大学生などの運動を警察力で封じる可能性もある。保守強硬なトランプの思考や政治的傾向はネタニヤフ首相などイスラエル右派にとっては好都合なものだ。現在の中東における緊張もトランプが大統領ならば、イランを軍事力で封じ、イスラエルに対する軍事的脅威を除くことに米国が協力してくれるとネタニヤフ首相は考えていたのだろう。

米国のブリンケン国務長官は、２０２４年8月、ガザ停戦交渉ではハマスが障害だと語ったが、ネタニヤフ首相がイスラエル軍によるフィラデルフィ回廊とネトザリーム回廊のコントロールを主張したために暗礁に乗り上げた。フィラデルフィ回廊は、幅１００メートル長さ14キロに及ぶエジプトとイスラエルの間にある緩衝地帯で、1979年と2005年のイスラエルとエジプトの交渉によってでき上がった。ネタニヤフ首相はフィラデルフィ回廊の下を通るトンネルによってハマスに武器が供給されていると主張するが、ハマスの武器は軍民両用の資材や原料で、ガザ内部で製造しているという見方が有力だ。また、ネトザリーム回廊は6キロに及び、北部ガザと南部ガザを分かつもので、ガザを分断することでイスラエルによる支配がより容易になる。

イスラエルの反戦運動は、ガザ戦争開始以来、ほぼ毎週繰り返されるようになっている。その主張は人質解放とネタニヤフ政権に対する反対の声を上げるものだ。ネタニヤフ首相のハマスへの「完全勝利」の約束は、ガザにおける非人道的な行為を正当化するために使われてきた。また、ガザ戦争で発生したイスラエルの避難民たちにスポットライトが浴びることよりも、イスラエルの入植者の活動を正当化することに力を注いできた。ハマスとの戦争による矛盾を隠蔽《いんぺい》するためだ。

労働党の国会議員で、ナーマ・ラズィミは極右政権の行動がイスラエルの存在にとって脅威であり、「狂気の時代に正気の運動を」と主張している。（「ハアレツ」2024年5月18日付）

また、彼女は入植者と極右の問題がパレスチナ人の怒りを招き、ハマスの奇襲攻撃を導いた重大な要因であると語っている。2023年10月7日から2024年8月23日までの間にイスラエル軍兵士695人がガザでの戦闘で亡くなったが、人質の犠牲とともに、兵士の戦死はイスラエル国内で戦争の意義について疑問を投げかけることになっている。

イスラエルの反戦運動は、イスラエル政府内で最も平和運動を嫌うベングビール国家治安相が治安を担う国家治安相の地位にいることによって様々な妨害に遭うことになっている。極右のベングビール国家治安相は、警察力を使って反戦運動の抑圧を図り、イスラエルの反戦運動は、極右の活動家の暴力を受けたり、警察によって取り締まられたりしている。

ネタニヤフ首相とガラント国防相に対する国際刑事裁判所の逮捕状請求に対して非難決議に賛成しなかったのはラズィミ議員など労働党の一部とアラブ諸政党だけだった。イスラエルではネタニヤフ首相に対して政治家たちは反対意見を述べることもなく、暴力の連鎖に慣れ、パレスチナ人を分離壁の中に閉じ込めることを当然と思っている。

シンベト（イスラエル総保安庁）のロネン・バル長官は2024年8月22日に公開されたネタニヤフ首相とガラント国防相への書簡で、ヨルダン川西岸におけるイスラエルの極右のパレスチナ人に対する扱いがイスラエルに深刻なダメージを与えていると書いた。バル長官はベングビール国家治安相のアルアクサー・モスクへの侵入がイスラエル・パレスチナ双方の流血をもたらす事態の背景になっていると警告した。既述の通りベングビール国家治安相は、エルサレムのイスラムの聖地であるハラム・アッシャリーフに足を踏み入れ、そこでユダヤ教の礼拝を行う権利を訴え、かつ8世紀はじめに建てられたイスラムの由緒あるアルアクサー・モスクに支持者たちとともに侵入する行為を繰り返している。バル長官は、極右勢力によるアルアクサー・モスクへの侵入はイスラエル国家の命運を否定的な方向に変えるだろうとも述べた。

バル長官は、ベングビール国家治安相の行動が倫理的にも、安全保障の上でも誤っており、その行動を正すには手遅れになる前にイスラエル政府の各省庁間の協力が必要であり、政府の主要な目標にしなければならないとも語っている。バル長官の書簡は、イスラエル政府の要職にある者が極右閣僚の活動に深刻な危機感を表明したもので、異例のことだった。

バル長官は、アルアクサー・モスクへの侵入などの行為がパレスチナ人のムスリムを挑発するとともに、イスラエルの極右勢力が政府によって与えられた武器で武装し、占領地でパレスチナ人に対する暴力を繰り返すようになったことを指摘している。政府がこれらの活動に対して断固たる措置をとらないこと、またイスラエル警察の中に秘密裏に極右の入植者を支援する勢力がいることが、パレスチナ人に対する暴力を助長するようになっていると述べた。警察の中にも極右の支援者がいることが、極右の暴力活動を煽り、また治安部隊の活動を妨害することになっているとバル長官は語っている。極右の活動を黙認することがイスラエルの国際的な孤立をもたらし、パレスチナ人による報復的な攻撃を招くようになっているとも警告している。

イスラエル閣議でバル長官の書簡が明らかにされ、ネタニヤフ首相がベングビール国家治安相の立場を擁護しないとわかると、ベングビール国家治安相は閣議を中座した。ガラント国防相もバル長官の書簡を支持し、ベングビールの行動が無責任で、国家の安全を脅かし、国内に分裂をもたらすものだと発言した。

2024年8月31日にハマスに捕らわれていたイスラエル人の人質6人の遺体がガザ地区・ラファの地下トンネルで見つかると、翌9月1日、人質の返還と即時停戦、またネタニヤフ首相の辞任を求める大規模なデモがイスラエル各地で行われた。ネタニヤフ首相は、6人の人質の死亡についてイスラエル側の責任を否定し、イスラエル軍は6人の殺害に責任がある者たちを捕らえるまで間断なく戦闘を続けるという声明を出し、ハマスが交渉に臨まないこと、人質解放を妨害し、イスラエルの安全を損なっていることをあらためて強調した。

人質の殺害を受けてガラント国防相は、エジプト・ガザ境界におけるイスラエル軍の駐留などの停戦要件を放棄するように提案したが、イスラエルの極右閣僚のスモトリッチ財務相は、イスラエル側が要求を引き下げることはあり得ないと否定した。スモトリッチ財務相はハマスに打撃を与え、人質が生還するまで戦闘を続けると述べた。米国、カタール、エジプトは停戦交渉の仲介を行ってきたが、イスラエル・ハマス双方が妥協することなく、戦闘は継続し、米国バイデン政権も停戦交渉の行方に悲観的になっていることが伝えられた。

イスラエル・テルアビブで暮らすイスラエル人分子遺伝学者のピヨルト・クラゲスティン氏はハマスの奇襲攻撃があった2023年10月7日から服を来たまま寝る習慣がついた。ミサイル警報が鳴るたびに公園付近の避難所まで2歳の娘を連れて走らなければならない生活に疲れ、2024年9月にスウェーデンのストックホルムに移住した。イギリスのテレグラフ紙に「二度とここでは暮らしたくない。戦争で私は変わった。友人もここを離れる方法を探している」と語った。

2004年のノーベル化学賞受賞者であるテクニオン・イスラエル工科大のアーロン・チカノーバー教授は8月、企業・学界指導者たちの前で「この国を離れる巨大な波がある」と述べ、多くのベテラン医師たちがイスラエルを離れ、大学は重要な分野で教授を採用するのに困難があると述べ、3万人の医師たちがイスラエルを離れればこの国はないだろうと述べた。(https://ground.news/article/war-fatigued-israel-faces-brain-drain-one-year-on-from-hamas-attack)

イスラエル政府は、極右勢力の台頭で意思決定にも多くの時間を要し、政治・社会の分裂が顕著になっている。軍事力一辺倒でイスラエルの脅威を除くというイスラエルの方針はイスラエル国家の危機をもたらし、ラズィミ議員やバル長官の発言にあるように、イスラエルの存在までもが危ぶまれるような状態になった。

イスラエルが国際的な信用を得て、国内の分裂を回避し、経済的危機を乗り越えるためにも、イスラエルはその戦争体質から脱却する必要がある。ヒズボラ、フーシ派、イランなど多重の脅威を抱える中ではイスラエルの健全な発展は不可能だ。また、イスラエルの治安当局は極右勢力の暴力を抑制し、その犯罪行為を摘発しなければイスラエル社会の無秩序な状態はいっそう深刻になることだろう。イスラエルにはさらなる国際的孤立を回避するために、国際法を順守し、占領に反対を唱え、パレスチナ人の人権の擁護を訴える反戦、平和主義の運動が台頭することが求められているものの、イスラエルの政治・社会で勢力を伸長させているのはイスラエルの孤立や米国のユダヤ人の離反を招く極右勢力のほうだ。

ファシズムは国粋主義、社会政策を強調して、中間層、農民に支持基盤を求め、暴力的に人権を否定するのが特徴だったが、現在極右が支配するイスラエルもまた国粋主義に訴え、パレスチナ人の人権を暴力的に否定し、貧しい入植者たちに補助金を与えたり、税負担を軽減したりするなどの方策で、その支持を得ようとしている。イスラエルのネタニヤフ政権は極右勢力に合わせるように、イスラエル国家がユダヤ人のみによって構成されるというユダヤ国家法を２０１８年に成立させ、またネタニヤフ首相はハマスに完全に勝利するまで戦争を継続すると訴え、パレスチナ人には土地の譲歩を一切しないと明言している。

ドイツのナチズム、さらに日本の軍国主義もファシズムの一形態だが、これらは自らの民族の発展や繁栄を考えるナショナリズムの極端な形で発展したものだった。イスラエル政治もまた極端なナショナリズムが台頭し、マイノリティを排除し、周辺の国や組織と敵対するようになっている。ナショナリズムは、イスラエル政治・社会のかじ取りの中で主導的な役割を果たすようになった。ファシズムの軍国主義は敗戦によって崩壊することになったが、国際法を無視して軍事で何事も決着をつけ、反対意見を警察力で封じ、マイノリティを抑圧するイスラエル国家はファシズム体制がかつて歩んだ崩壊の道をなぞっているように見える。

右派政治が支配する中でも、イスラエルは和平にかじを切ったことがあった。極右のベギン首相は１９７９年にエジプトと平和条約を結び、軍の参謀長だったラビンも１９９３年のオスロ合意に調印した。ガザ戦争が始まってからイスラエル経済は極度のスランプに陥っているが、平和こそが経済的にも社会的にも安寧を得る道であることをイスラエル国民は理解し、またイスラエル政府は周辺諸国や周辺の武装集団とも対話を行い、平和の報酬を知らなければならない。それができなければイスラエルは、半永久的に戦争を続ける国となり、莫大な資源の浪費とともに、多くの国民が国外に流出するなど将来に望みがもてない国になるだろう。

宮田律（みやたおさむ）

1955年、山梨県生まれ。一般社団法人・現代イスラム研究センター理事長。慶應義塾大学文学部史学科東洋史専攻卒。83年、同大学大学院文学研究科史学専攻修了後、米国カリフォルニア大学ロサンゼルス校（UCLA）大学院修士課程修了。87年、静岡県立大学に勤務し、中東アフリカ論や国際政治学を担当。2012年3月、現代イスラム研究センターを創設。専門は、イスラム地域の政治および国際関係。著書に『イラン』（光文社新書）、『物語　イランの歴史』『中東イスラーム民族史』（以上、中公新書）、『武器ではなく命の水をおくりたい　中村哲医師の生き方』（平凡社）、『ガザ紛争の正体』（平凡社新書）など。

イスラエルの自滅《じめつ》 剣《けん》によって立《た》つ者《もの》、必《かなら》ず剣《けん》によって倒《たお》される

2025年1月30日初版1刷発行

著　者 ── 宮田律
発行者 ── 三宅貴久
装　幀 ── アラン・チャン
印刷所 ── 堀内印刷
製本所 ── 国宝社
発行所 ── 株式会社光文社
東京都文京区音羽1-16-6（〒112-8011）
https://www.kobunsha.com/
電　話 ── 編集部03（5395）8289　書籍販売部03（5395）8116
制作部03（5395）8125
メール ── sinsyo@kobunsha.com

 ISBN 978-4-334-10543-3

光文社新書

1342

海の変な生き物が教えてくれたこと

清水浩史

外見なんて気にするな、内面さえも気にするな！ 水中観察30年の海と島の達人が、「地味で一癖ある」「厄介者」なのになぜか惹《ひ》かれる10の生き物を厳選、カラー写真とともに紹介する。

978-4-334-10511-2

1343

イスラエルの自滅

剣によって立つ者、必ず剣によって倒される

宮田律

民間人に多大な犠牲者を出し続けているハマスとイスラエルによる「ガザ戦争」。イスラエルはなぜ対話へと舵《かじ》をきらずに平和が遠のいているのか。その根源と破滅的な展望を示す。

978-4-334-10543-3

1344

知的障害者施設 潜入記

織田淳太郎

知人に頼まれ、「知的障害者施設」で働きはじめた著者が見たものとは？ 入所者に対する厳罰主義、虐待、職員による「水増し請求」――驚きの実態を描いた迫真のルポルタージュ。

978-4-334-10544-0

1345

だから、お酒をやめました。

「死に至る病」5つの家族の物語

根岸康雄

わかっちゃいるけど、やめられない……そんなアルコール依存症の「底なし沼」から生還するためには、何が必要なのか。五者五様の物語と専門家による解説で、その道のりを探る。

978-4-334-10545-7

1346

恐竜はすごい、鳥はもっとすごい！

低酸素が実現させた驚異の運動能力

佐藤拓己

中生代の覇者となった獣脚類、その後継者である鳥は、低酸素への適応を通じなぜ驚異の能力を獲得できたのか。地球の歴史と共に、身体構造や進化の歴史、能力の秘密に、新説を交え迫る。

978-4-334-10546-4